学生第二

李希贵 —— 著

教育科学出版社

·北京·

目 录

第六辑
张扬教学个性

第七辑
换药不换汤

第八辑
做希望经销商

第九辑
共同走过

自　序

　　曾经听过一个叫人笑不起来的笑话，说是在一个参与式校长培训班上，培训的主题是"如何转变教育观念，确立学生中心地位"，一位校长被要求回答一个情境性问题：当一位教师与一名学生发生争执，到校长室去评理的时候，校长该批评教师，还是该批评学生？据说，这位校长以不容置疑的口吻说，当然是批评教师，因为学生是学校的主人。

　　我无法判断这件事的真实性。但是我知道，一个时期以来，有不少似是而非的东西确实给许多校长带来了思想上的混乱，以至于使他们战战兢兢地面对着眼花缭乱的"新理念"而迷失了自我。在一些学校里，看起来，校长是在直接服务于学生，似乎把着眼点全都放在学生身上了，很不理智地抛开了教师。上面这个笑话，从某种意义上说，对我们是一个警示，也引发我们反思：当强调"学生主体""学生中心"的时候，我们应当把教师放在什么位置上？

以上是我的一篇短文《学生第二》开头的两个段落，引用于此，主要是想说明一下本书书名的意思：对一位校长或者教育管理工作者来说，关注学生首先应该从关注教师开始。在管理工作中，我们运用的手段与我们希望达到的目标往往并不匹配。如果我们总是一味地盯着目标而不去思量自己的角色，说不定就会闹出南辕北辙的笑话来。

本书是一本教育管理随笔集，收录的文章大都是发表在各种教育报刊上的文字。我试图以此与朋友们分享一些思考问题与处理事情的思维方式。如果从做教导主任算起，我在管理岗位上已经做了二十多个春秋，尽管不敢自诩为老将，但毕竟也不能在朝气蓬勃的新兵队伍里装模作样了。随着时间的推移，我越来越清楚的是，如果不做什么事情，就不会有思考。所以，书中的文字与其说是写出来的，倒不如说是做出来的更贴切。如果没有管理工作的实践，我甚至一句话也写不出来，从这个意义上说，我很庆幸自己能有这样一段人生经历。

谢谢翻开这本书的朋友们。

第一辑

经营学校文化

创造学校文化

我们不少学校管理者对学校文化建设常常采取放任的态度，以为文化建设不是一朝一夕的事，是几十年自然积淀下来的，一任校长不可能有什么作为。于是，对文化建设的研究在我们许多学校里基本上还局限在表层，大部分校长的大部分精力还是放在了易见成效的管理制度建设上。

其实，学校文化是可以创造的。

潍坊一中新校建设被列为市政府十大工程之一，也是备受市民关注的大事，但我们却没有举行开工典礼或者奠基仪式，而是用省下来的钱建造了一个小型学生活动中心。有的人不理解，说是标新立异；有些人感到很遗憾，以为失去了一次令学校扬名的机会。只有我们自己清楚，这是我们新校文化建设的第一步。我们想明明白白地告诉未来的老师和学生，学校追求的是实实在在的东西，是学生的利益；从新校建设的第一天起，这个努力就已经开始了。

如果你留心的话，在制度建设中也是完全可以融入文化建设的，或者说，制度是可以衍生出文化的。我在高密一中工作时，学校为了表示对老教师的尊重，规定对老教师的备课情况不予检查，而是以他们自愿的方式，每学期将备课簿集中到教学资料室存档，专门供青年教师借阅参考，同时，学校根据借阅率的高低付给他们一定的稿酬。于是，借阅率成了大家非常关注的一个问题。老教师们以高借阅率为荣，精心研究备课，有的在备课中不仅考虑怎么有利于课堂上的教学，还研究怎么有利于青年教师借阅参考。每学期下来，教导处统计备课簿借阅率，成了全校教职工瞩目的大事。一个微不足道的小规定，衍生出令人欣喜的深层次文化。人们崇尚的东西变得崇高起来，这是十分令人高兴的事。

学校文化的核心是学校共同的价值观念、价值判断和价值取向。它产生于学校自身，得到全体成员的认同和维护，并随着学校的发展而日益强化，最终成为取之不尽、用之不竭的精神源泉。在学校文化中，师生关系可能是一所学校能够立足的重点。而新型师生关系不是靠简单的号召、要求就可以建立的，文化的力量可能更大。于是，怎样形成学校文化，成为我们的一个着力点。

高密四中有个每年评选优秀贺卡和学生优秀贺词的制度。每年元旦前后，对老师们来说，像是过节一样，大家把积攒了一年的贺卡拿出来，小心翼翼地摆到展厅里。工会为此要张罗很长时间，先是组织参观，然后是教师、学生评选。那些感人至深的贺词更是感动了全校的教师和学生。我发现，每年的评选都让我们的老师更加明确学生在他们心中的分量，每次展示都是对师生关系的新提升，都是对老师们教书育人境界的新升华。说实话，当初组织这一活动只是工会干部的一个随意的想法，后来这一活动却演变为我们的制度，就是因为我们从中看到了它对学校文化建设的作用，它对形成良好的师生关系起到了其他制度起不到的作用。

我们学校还有一些在一般人看来有些奇怪的事情。在每年的毕业典礼上，给最优秀的学生发放毕业证书的不是校长，而是学校评选出来的学生最爱戴的老师；在校史业绩展廊里最显著的位置上挂着的不是校长或者"开拓进取的领导班子"的照片，而是那些为学校的发展做出过创造性贡献、德高望重的人；工资表上薪水最高的既不是职务最高的，也不是年龄最长的，而是被更多学生选择为导师的名师……学校长期形成的文化让每个人都明确地认识到，正是这些赢得了学生也赢得了社会认可的老师，推动了学校的发展，给了学校生机和活力，他们理应受到学校的尊重！也正是有了这样一种文化，才有可能使学校的发展代代相承。

除了这些，在高密一中，大家十分推崇的还有民主、平等的氛围。关于这一点，有两件令大家津津乐道的小事。

一件是关于我们一位老校长的。那是在1970年代所谓教育"回潮"的时候，老校长的儿子考高中，因为一分之差没有达到我们学校的录取线，只好去了距家80多公里的另一个县的学校。

还有一件是关于我的。有一年高考，第一次使用代码填写高考录取信息，由于疏忽，有四位学生因为代码填写错误而影响了录取。这在后来的一个多月时间里，给学生、家长带来了巨大的精神压力。尽管这四位学生后来被补录了，但这件事在社会上造成的不良影响还是非常大的，甚至可以说是无法挽回的。客观地说，如果追究起责任来，班主任有责任，教导处有责任，学生本人更有责任。这样一件对学校来说"惊天动地"的大事，校长自然也有不可推卸的责任，于是，在学校的处分通报里，也出现了我这个校长的名字。

　　重要的是，我们并没有就此结束，而是努力把这些事情变成学校的标志。于是，高密一中的校史馆里就有了一张老校长儿子被另一所学校录取的录取通知书复制件，就有了处分校长的通报和校长自责的检讨书。这样一些在一般的学校、一般的场合不容易见到的东西，常常能够吸引大家的目光，引发大家的思考，甚至成为人们饭后茶余的谈资。这样一些在一般的组织里不常见的故事经过提炼，同时伴有标志性的物品，就很容易成为校园里经久不衰的传说。于是，学校文化便在人们的谈论与思索中凝聚、提升。

经营学校文化

　　长期在学校工作的人大都看重学校文化的建设，但很多人却不在乎学校文化的经营。其实，和许多事情一样，经营与建设同样重要。只有经营，学校文化才有可能增值，也才有可能不断创新并成为师生的精神追求。

把学校文化"股份制"化

　　我做高密一中校长的头几年，正是学校规模急剧扩大的时期，学生不断增加，新员工也越来越多。我们当时统计发现，新近5年加盟学校的员工数竟占到了全体员工的55％，除去职员、工人，只计算教师的话，5年内加盟的新教师竟占到了教师总数的六成多。在这样一个群体里，如何尽快使人们认同学校文化，并躬行实践，成为我们工作中的一个难题。而且我们发现，越是历史悠久的学校，人们往往越是感到学校文化距离自己十分遥远，"与我无关"的心理就越是强烈。因此，怎么把大家认为距离自己很远，甚至虚无缥缈的学校文化转变为每个人生活、事业甚至生命的一部分，对我们是一个严峻的考验。于是，我们把切入点放在了"股份制"上，也就是"把学校文化'股份制'化"。这个道理其实挺简单，传统的学校文化是前人留下的"集体财产"，尽管它蕴涵前人的智慧、热忱与对学校的依恋，但对今天校园里的人们来说，由于不可能有先辈们刻骨铭心的体验，所以只是听则姑且听之，说则姑且说之。这个"集体财产"与个人关系淡薄，这显然与领导者的期望相去甚远。

我们的工作就是在整合、嫁接、提升学校文化的过程中，让大家"入股"，让他们感受到在学校文化的蛋糕里，有你的面，有他的油，有我的糖，饱含你的创造、他的坎坷、我的辛劳。在确立学校育人目标的时候，我们把过去学校文化中的有关内容展现给大家，同时希望大家能在其中贡献自己的智慧，赋予学校育人目标以新的时代内涵。

记得那一年，我们的教代会和学代会是在同一段时间里召开的。从1800多人的手上，我们收到了近3000份关于学校育人目标的提案。大家对这些提案进行汇总、讨论，数次反复，已经没有办法统计经过了多少个回合，也没有办法弄清楚哪些内容是出自谁的手；但有一点是大家普遍认同的，那就是最后确定的结果，全校每一位师生员工都是它的作者。每一份提案都成为新的学校育人目标的重要支撑。历史上留下来的学校的"集体财产"，过去只有校领导们挂在嘴上的那些常常被师生认为是"口号"的、有些"空洞"的东西，终于"卖"给了我们学校的每一个人，并成为大家自觉躬行实践的指南。

后来，我们又以同样的思路组织了一个"给校训找100条理由"

的活动，师生你10条、我8条，最后竟然汇集了几百条之多。我们对这些"理由"认真筛选、整理，把它们和作者公之于众，使其成为学校校史馆的"一级馆藏"；而作为作者的师生，也理所当然地成为校训真正的"股东"，认同感、归属感、向心力自然也就有了。在这种情况下，校训就不再是一句口号，而内化为学校每个人生命成长的动力。

让学校文化"上市"

我曾经对英国伊顿公学的招生办法感到很奇怪，本来它只是一所中学，孩子到13岁才能入学，可学校招生处却要求孩子一生下来家长就必须为其报名，否则便不再受理。没到学校访问前，我总感到校方有些故弄玄虚，颇有些不以为然。后来我到英国考察，来到这所国际名校访问后才明白，学校打的是文化战略牌。

伊顿的培养目标十分明确，这所曾经走出17位英国首相的学校，在大不列颠及北爱尔兰的上空打着一面鲜明的旗帜，就是要倾力培养全英各界的领袖人物，塑造领袖的风范，锻造精英的品格，陶冶绅士的情操。这已经成为伊顿人的追求，而精明的伊顿人竟要把这一切变为伊顿未来学生家长的追求。于是，伊顿文化靠着自己"领袖摇篮"的品牌，轻而易举地在全英国甚至全世界"上市"。

伊顿公学的"股民"就是未来的学生家长。那些望子成龙的家长从孩子一出世就开始"购买"伊顿文化的"股票"，并且用这种文化去"滋养"自己的孩子。他们理所当然地成为伊顿公学的兼职导师，为这一文化大车保驾，为这一文化篝火添柴，甚至为弘扬这一文化而呐喊。从1岁到13岁，在还没有跨入伊顿的足足13年的时间里，伊顿未来的学子们就已经受到伊顿文化潜移默化的滋养。可见，学校文化一旦"上市"，远比在校园里威力大得多。

我在高密四中的时候，我们曾在学校大门两旁赫然写上"怕苦累莫入此门，图轻松另寻他处"两句话，我们把它们叫作学校警言。一个时期内，这两句话便成为高密西乡我们学校招生范围内人们的一个重要话题。我们深深知道，我们的学生来自农村，来自农民家庭，如果他们连苦累都不敢面对，那么他们不仅不会有一个现实的出路，更不可能有什么灿烂的未来。而这一文化要得到学生的认同，首先要得到社会尤其是家长的认同。于是，利用各种机会，借助各种场合，向西乡的人们"出售"学校的苦累文化，成为我们学校发展的一个重要战略。买到四中苦累文化"股票"的家长们，在饭桌旁、床头边，将之转送给了四中未来的学子。家长喜欢跟孩子们说的一句话常常是："连这点儿苦都不能吃，怎么能上四中读书呢？"

所以，每年新生入学后，进入角色特别快，锻造自我、磨炼意志、追求卓越，很容易成为学生的自觉行动。我清楚地记得，有一位小女生，开学带来的第一个笔记本的扉页上写着这样两句话："苦，是我们的弟兄；累，是我们的姐妹。与苦累同行，是我们人生的底色。"当然，四中的文化绝不仅仅是苦累，但有了这样一种文化做基础，学生的成长就变得顺畅而自然。很明显，仅仅在校园里经营学校文化，远没有让学校文化"上市"来得实惠，对比之下，人们更容易看到"上市"后的巨大效益。

为学校文化创造市场

有两位推销员，来到同一个岛上考察鞋子市场。

第一位推销员考察后十分沮丧地向总部汇报说："这个小岛毫无商机，因为岛上的人都不穿鞋子。"第二位推销员则十分兴奋，向总部汇报说："这个小岛商机无限，因为岛上的人都不穿鞋子，我们可以从引导人们学会穿鞋子开始打开市场。"

果然，数年之后，岛上的人们都改变了赤足的习惯，人人都穿上了这家公司制造的鞋子。

同样，在一所学校里，一位校长能不能像那个"从引导人们学会穿鞋子开始"的鞋子推销员那样，为学校文化找到市场、创造市场，不仅取决于他的眼光，还取决于他的胆略、他的智慧。

谁都知道，学校什么时候都应该是平等、民主的圣地。特别重要的是，平等的师生关系对塑造未来社会的合格公民来说越来越举足轻重。可是，我们的老师需要这种文化吗？他们真的希望在这种文化背景下工作吗？千百年来"一日为师，终身为父"的观念已经在校园里深深地扎根，你怎么才能让大家心悦诚服甚至心旷神怡地穿上这样一双民主、平等的鞋子？

记得当时高密一中学校文化的"市场开发"是从制度建设开始

的。譬如，我们对聘任班主任的制度进行修订，在原有的四个级别之外，增加了一个新级别，叫作"辅导员"。什么样的人才能够成为辅导员呢？我们规定，当一个班级所有工作的最终决定权全部从老师手里转到学生手里的时候，这个班级的班主任才有可能被聘为辅导员。这是我们对班主任的最高奖赏。不民主、不平等，又怎么可能成为这样的班主任呢？于是，我们全力推销的东西变为大家竭力追求的东西，平等、民主、交流、对话、协商成为大家工作的必需。机制最终带来了大家的自觉。

让每一个人都感到自己重要

玫琳凯化妆品公司的老板玛丽凯在《掌握人性的管理》一书中满怀深情地告诉读者，管理是一门了不起的艺术，它的最高境界就是让每一个被管理的人都感到自己重要。为了实现自己的管理理想，玛丽凯买断了凯迪拉克汽车公司粉红色的小汽车，专门配发给销售额达到一定数量的营销人员，让全美国人都清楚，在美国的大地上，驾驶着粉红色凯迪拉克轿车的人，肯定是玫琳凯公司业绩突出的员工。玛丽凯说："每当我碰到一个人，我便假想他的胸前挂着一个隐形的标志，上面写着几个字：'让我觉得自己很重要。'"

怎样使每一个人都感受到自己的重要，这是管理工作中一个富有意义的挑战。为此，我想了很长时间。后来我才明白，方法并不重要，重要的是用心去做，从心里感激每一个用心工作、用力工作的人。

学校图书馆里有一位资历很深的老教师，他在自己的岗位上已足足干了30年，而且干得非常出色，老一点儿的教师都非常尊重他。随着时间的推移，学校里的老教师大都退休了，青年教师占了学校教师的多数。他们对这位老教师的过去大都知之甚少，把他仅仅当作一位普通的图书管理员看待。这让他感到有点儿被冷落了，心情变得很不好。于是，他开始带着情绪工作，闷闷不乐地忙碌着，有时候，态度就显得不够"和蔼可亲"了。终于有一天，有关他服务态度的问题被提到了校长办公会上。大家围绕职员服务态度和以教学为中心的话题谈了很多，我则想到了玛丽凯的话。很明显，这位老教师30年的工作经历和他一贯的表现证明，他并不是不知道学校是以教学为中心的，也不是不清楚他的工作就是服务教学的，问题是他感受到了人们对他的轻视。一种感受不到自己重要的情绪笼罩着他的心灵，没有阳光、没有鲜花、没有掌声的生活使他没有办法对别人"和蔼可亲"。

怎么办？只有让他重新找回自己重要的感觉。当时，临近教师节，工会的老师正在考虑庆祝活动。我给他们出了一个主意，把活动的主题定为"尊重默默无闻的劳动"，并由此衍生出许多活动，其中一项就是请全市最好的书法家为有30年教龄的老师赠字。工会的老师请书法家为那位图书馆的老教师题的字是"三朝元老"，并请全市最好的装裱师装裱起来，以此来说明他在学校里的独特地位。这件事很快被大家传为佳话。从这个非官方的评价里，大部分青年人开始了解这位老教师的经历，知道了他一贯兢兢业业的过去，大家开始换一种目光看他。他呢，对这个装裱的题字格外珍重：平时，就把它挂在办公室里醒目的位置；放假呢，则把它拿回家，挂在家中最显眼的地方。他心里开始充满阳光，又变得"和蔼可亲"了，因为他已经感受到了自己的重要。

还有一件事，在一个学年休业式上，本来安排了两项议程——宣读优秀学生获奖名单和校长讲话，结果，由于时间紧张，只保留了校长讲话，宣读优秀学生获奖名单的议程被主持人省掉了。我追问主持人是怎么回事，主持人说时间太紧张，反正谁获了奖他自己清楚，到时候各自把奖品领下去就是了。我回答他，谁获了奖仅仅获奖人自己清楚是远远不够的，重要的是要让别人清楚，这个名单不仅要在全校集会的时候宣读，还要把它张贴出去。

为什么一定要这样做？因为我在做班主任的时候曾经因为没有在班会上表扬一些同学而挫伤过他们希望上进的心。有的同学甚至问过我，为什么班级的墙报上始终没有他的名字，他认为自己比一些被表扬的同学表现得还要好。尽管这是他的自我感觉，但这就够了，因为他关心自己，他希望自己被看重，而这正是他进步的动力。

说实在话，在众多汉字当中，人们最感兴趣的还是自己的名字。有人曾经做过一个实验，请一些人随便写几个字，结果有近80％的人写了自己的名字。我敢说，在将近两个小时的休业式上，同学们听得最真切的还是自己的名字，因为听了之后产生的感觉，是别的任何褒奖都不能相比的。

后来，我们的毕业典礼，包括毕业生谢师、导师代表训示、校长颁发毕业证书等几项内容，场面都很隆重，其中尤以校长颁发毕业证书这一项最为动人。颁发毕业证书时，每位学生单独进行，每向一位学生颁发证书，司仪都必须同时宣布该学生在校期间所获得的全部荣誉、奖励，甚至某一次作业、某一科竞赛获奖也会提到。这项议程所用的时间很长，但老师、学生却始终情绪亢奋，感觉不到冗长。被邀请参加的家长不少还感动得热泪盈眶，有的甚至不由自主地走到自己孩子的老师面前，向老师鞠躬、和老师握手，典礼气氛十分热烈。在这样的气氛中，每个人都感受到了尊重，都感受到了自己在人们心目中的地位。有了这样一种感受，还会没有动力和热情？

使人们感到自己重要，有许多方法，请别人提建议或寻求别人的帮助也可以算作一个。美国前总统富兰克林在自传中谈到这样一件事。1736年，富兰克林竞选州议会书记员的职位。富兰克林心中有数：自己获得提名没有问题，唯一的问题是有个影响力很大的人可能反对他。富兰克林知道，他要争取跟这个人交朋友，否则自己就会输掉。富兰克林在自传中写道："我听说他的书房中有一本珍贵的书，于是给他写信，表示我想读这本书，希望他能帮个忙，把书借给我。"那个人对这一要求感到很高兴，也觉得很荣幸，于是把那本书借给了富兰克林，并且从此成了富兰克林的坚定支持者。这听起来有点儿奇怪，其实很正常，那个有影响力的人并不是执著于什么观点，也不属于什么派别，他只是想引人注意罢了，他希望那个竞选书记员的人能看重他。富兰克林让他的目的达到了，他还有什么理由不支持富兰克林呢？

因此，在高密四中，我们对每年一次的教职工代表大会特别重视。这是个叫老师们激动的日子，因为学校所有的大事都要在这几天里敲定，而每一个人手里都握有神圣的一票。优秀提案评选是教代会期间特别让人兴奋的活动，因为优秀提案不仅可以获奖，更重要的是，这些提案是要付诸实施的。我记得有一年教代会期间，一位老教师的提案是解决学校的贫水问题，他建议在学校的菜地里打一眼机井。可是钻机在菜地里钻了很长时间都没有出水。那些日子，他一直守在钻机旁不肯离去。出水那天，他竟然像孩子一样放声哭了。从那以后，从热爱水井到热爱学校，他显得非常执著，因为他认为他在学校里有了不起的地位。

在教学中推行"满分卷"和"单元清"活动是另一位老教师提出的优秀提案，在全校推行之后，搞得最有成效的一直是他领导的那个教研组。后来进一步深化这一活动的建议，基本也都出自他的思考。实践证明，几乎每个人都希望自己成为重要人物。在管理中，我们采纳一个教师的提案，实际上就使他实现了那个"成为重要人物"的愿望。

让每一个人都感到自己重要，有时候不过表现在一些小事上。

拿破仑有个习惯，他喜欢在军营中走动，而且他叫得出手下全部军官的名字。当遇见某个军官时，拿破仑会叫出这个军官的名字，跟他打招呼，谈论他参加过的某场战斗或与他有关的军事行动。拿破仑不失时机地询问下属的家乡、妻子和家庭情况，这常使下属大吃一惊——他的统帅竟然对他的个人情况知道得一清二楚。其实，那是拿破仑精心准备的。为了做到这一点，每一次他都下很大功夫。他并不认为这是什么小事，相反，他知道赢得下属有多么重要。

高密一中有一位烧锅炉的老师傅，50多岁了仍独身一人，很多人不知道他为什么独身，但我们几个校长知道，因为他有一段辛酸的经历。学校的开水供应从来都是准时的，大家普遍认为，没有这位老师傅，很难想象学校的开水供应会是什么状况。学校设立的"孺子牛"奖，第一个就是颁发给他的，为此他激动得不行。我和几个青年教师一直在他的工作间用午餐，每个星期他都能喝到我们送给他的一瓶老白干，那是我们从稿费里挪出钱来买的，他为此兴奋不已。后来，另一名锅炉工辞职了，他竟然坚持一个人承包了锅炉房的工作，且"决不允许学校再提找锅炉工的事"。你怎么也想不到的是，他之所以能在学校里坚持干下去，是因为校长们全都知道他那不寻常的经历，他为此感到自豪。事情就这么简单。

美国一家铁路公司的总裁史密斯说："铁路的成分95%是人，5%是铁。"我们做管理工作的，其实就是研究人的管理，要最大限度地让被管理者感受到自己的重要。

松下幸之助在《经营人生的智慧》一书中曾讲过这样一件事：

有一天，松下先生的朋友——一家信托株式会社的社员坂口保雄来找松下先生，希望松下先生能买下他们会社经营的一家工厂。松下先生被他的热诚所感动，便答应了，但提出了一个条件，请坂口做这家工厂的经营者，也就是说，要坂口一同过来。可坂口却一口拒绝了，他说："松下先生，这是不行的，因为我现在是我服务的信托公司的社长，要我辞去不干是不行的。"松下感到奇怪："你说你是社长，实际上你不是社员吗？"坂口一脸认真："我的身份当然是社员，但我一向都是以社长的心情去做每件事。社长是不能跳槽的。"以这种口气说话的人，的确是了不起的人，他不可能做不好事情，他不可能不叫人感动。这里最值得我们思考的是，那家信托公司凭什么使坂口感到自己在公司中有了不起的地位，竟然自以为像社长一样重要，而这正是这家公司的成功所在。

高密四中收发室有一名退休教师做值班员，他的任务就是接听电话、收发报刊。我们还给了他一个接待家长的额外任务，就是由他代表学校向家长介绍学校的发展规划和教育教学情况。为了使家长们对学校了解得更准确一些，学校的一些大政方针、规划方案，我都直接告诉他，而且不厌其详，有些与这方面内容有关的会议也要他参加。他显得非常自豪，有一天他告诉我说："如果哪天你不在学校，我就感到责任十分重大，因为在家长们面前，我就相当于校长。"

如果我们的教职工都以校长的心态去工作，我们还有什么做不好的事情呢！

随心所欲不逾矩

经常坐飞机旅行，我就不自觉地琢磨起航空公司的服务质量来。时间久了，才慢慢明白过来，原来，服务质量的高低，并不一定与空姐们笑容的灿烂程度成正比。

有的航空公司规定了很严格的服务程序，按时间、按标准为旅客提供标准化的服务，空姐们笑容可掬地做着规定动作。可是，如果有哪位旅客要打破常规，譬如要正在分发报纸的空姐帮他拿走用完的纸杯，换来的却只是空姐笑容满面的"对不起"，因为收纸杯是下一道程序才能做的事情，旅客只能把这个尴尬的纸杯先拿在手上，等待下一道服务程序的光临。

有的航空公司则不拘泥于程序，只要旅客提出要求，空姐们就会灵活处理。尽管她们手上正忙活着别的，但只要有旅客提出要求，她们就马上予以满足：分发报纸的时候，完全可以顺便带走旅客手上不用的纸杯；收拾垃圾的时候，也完全可以给旅客带来一杯咖啡。她们没有严格按程序走，甚至都没有笑得多么灿烂，但她们的服务却让旅客打心底里感到舒服。

仔细想来，两家航空公司对服务质量有不同的理解，因而空姐的行为也不尽相同。第一家航空公司的空姐只是为了使自己的行为符合公司的规定，微笑是因为规定，服务也是因为规定，心里始终想着的是公司的规定，就是没有把旅客放在心上。"目中无人"，服务就不会充满人性，服务质量也就永远不会达到至高境界。第二家航空公司的空姐则以旅客为中心，她们明白自己是为了什么而存在的，所以，无论服务多么随意，都显得自然而又贴心，让人看不出服务有什么程序，但却始终不背离大原则，正如孔子所说的"随心所欲不逾矩"。这样的服务显然较前者高出了一个层次。很明显，在旅客的心里，服务质量并不是以微笑的灿烂程度来评判的，重要的是有没有真正把他们的需求放在心上。

曾经看过一个教师"借分"给不及格的学生的故事。故事中说，有一名语文成绩不好的学生，在一次语文考试中得了59分，老师借给他1分，给了他一个成功，但同时提出必须在下一次考试时归还10倍的分数。这名学生发奋学习，在下一次考试中竟得了87分。这名学生自此爱上了语文学习，爱上了语文老师。老师的良苦用心很明显，就是要给后进学生以鼓励，让他们通过找回自信而改变自己。可是，在我们把这个故事推荐给一些学校后，却发现在一些教师那里，竟因此上演起伤害学生自尊的悲剧，有的教师对"借分"与"还贷"做出了硬性规定，而且竟然对不肯"借分"的学生恶语相加，甚至变相体罚。

我们的工作到底是为了什么？为什么要"借分"？为什么要制定服务程序？甚至，我们为什么要微笑？

做任何事情，如果我们没有弄清楚事情的本质，就很容易做一些表面文章，热衷于赶时髦，甚至陷入教条主义。《现代汉语词典》

中，编者在给出"本质"的定义之后，很不放心地告诫我们，"事物的本质是隐蔽的，是通过现象来表现的，不能用简单的直观去认识，必须透过现象掌握本质"。本来，制定服务程序是为了更好地为旅客提供优质的服务，可在一些人手上，程序却经常成为提供优质服务的障碍；"借分"是为了让学生找回自信，可在许多校园里，它却不知打碎了多少孩子的自尊。

曾经参加过一个课堂教学改革的研讨会，听了一节被认为是"落实学生主体地位"的公开课。其实，整堂课只不过是从过去的教师讲变为现在的学生讲罢了。8个小组的学生代表分别上讲台轮番"轰炸"，很快，教室里就有学生出现了明显的心不在焉和局促不安。虽说有的学生已经成为课堂的主人了，但还有更多学生继续处于欲做主人而不能的境地，他们不过是从过去做老师的听众转换为现在做某些学生的听众罢了。

因此，教师也好，某个学生也罢，只要是在同一个起点上搅和全班几十个脑袋，课堂教学改革就不会有特别好的效果。因为课堂教学改革的本质，说到底就是要找到每一个学生不同的学习起点，从真实的情境开始，让学习成为每一个学生自己的探索。落实学生的主体地位是个不错的追求，但切不可把个别学生的主体地位当成课堂中有着不同基础的全部学生的主体地位。

在美国洛杉矶的一所初中考察时，校长向我推荐他们的"表扬孩子的101种方法"，第一种方法就是一个"哇"字。校长很认真地告诉我，可别小看一个简单的感叹，在孩子们眼里，这是老师对他们了不起的嘉奖。可是，我却再也不敢轻易地向人们推荐，因为我担心重演画虎不成反类犬的"借分"故事。没有对学生的尊重，没有对教育本质的深刻理解，一个"哇"字"哇"出的不知是南腔还是北调。

校长要为自己创造机会

我在英国伦敦的一所小学访学时，发现那位人高马大、年逾半百的校长竟然能叫出他所遇到的所有学生的名字。交谈起来才知道，全校500多名学生，他不仅全都认识，而且"全部都是朋友"。当我向他请教其中的诀窍时，他笑着说："要想与学生交朋友，校长要为自己创造机会。虽然我没有授课的任务，但我每天都有一个固定不变的与全校学生接触的时间。"原来，每天为全校学生分发午餐的任务是由他一个人承担的。虽然按照协议这是配餐公司的分内事，但校长却把这变成自己的职责，因为他要创造属于自己的机会。

无独有偶，在日本访学期间，我住在一位老校长的家里，正巧赶上他所在的学校举办运动会，学生、老师、家长人人参与，而校长也有一个法定的职责，就是为获奖的学生颁奖。尽管奖项之多已经使领奖的学生排起了长队，但校长依然十分虔诚地对待每一位领奖的学生，而且还很真诚地与他们交谈。颁奖间隙，他十分认真地告诉我，可别小看这个领奖的机会，也许借此他会交上很多学生朋友。

在澳门讲学期间，我曾经考察过一所小学，发现挂在学校体育馆里的许多图片上都是校长向学生发红包的场景。原来，每年农历春节期间，校长要到每一间教室去给全校1000多个学生逐一发红包。尽管每个学生只能收到两块钱，尽管逐一发红包要占用校长整整一天的时间，但他总是把每年一次的、与每一个学生亲密接触的发红包活动，当成自己工作的头等大事。

我有一位学生在一所小学做校长，也曾尝试在新年到来的时候为学生发红包。尽管一天下来1000多次的重复有些单调，但他告诉我，对他和学生来说，每一次都是全新的，每一次都是激动人心的。从学生激动的神情中，从他与每一位学生的对话中，他有了全新的体验。尤其让他开心的是由红包里的两元钱衍生出许多新的教育机会。不少学生甚至把两元钱的消费与自己心灵的升华联系在一起，演绎出许多动人的成长故事。从发红包开始，这位校长不断创造新的机会，每周邀请学生共进午餐，把饭桌也变成师生交流的平台。他还把自己的办公室办成校长图书室，这让他和前来借书的师生形成了一种新的分享关系，在平等交流中提高了管理与教育的效益。

很明显，这样的机会如果不是校长自己去创造，就会从校长工作的忙乱中溜走；溜走的机会多了，教育的果实自然也就干瘪了。仔细想来，溜走的不仅仅是机会，更是管理的激情和教育的智慧。当我们漠视这些机会，开始在校园里随遇而安、随波逐流的时候，真正的教育已经离我们而去了。

我曾经提倡每一所学校都把校长办公室搬到教学楼里或师生集中的地方去，因为这样可能会给校长带来更多机会。我曾经用校长办公室是不是学生常去的地方来判断和评价学校的管理，因为越是与学生亲密接触，就越能给学校管理者以灵感和机智。我忘不了伦敦那位高大的小学校长得意的眼神，也忘不了我那位做了校长的学生告诉我在校园里喊他"老师"的孩子越来越多时的自豪。

写到这里，我想到了经济学上的机会成本，任何选择都是人们的特定价值判断带来的结果。能不能为自己创造机会，看上去似乎是一种能力，其实，恐怕有更深层次的原因。你要创造一个新的机会，就必须放弃其他选择所带来的价值，关键是怎么权衡两者可能给你带来的利益。如果你选择给孩子们分午餐、颁奖品、发红包，你就可能失去其他许多很诱人的机会。只有当你认为这样选择没有遗憾的时候，这样的选择才会有动力，这样的机会也才会成就你。

学生第二

曾经听过一个叫人笑不起来的笑话，说是在一个参与式校长培训班上，培训的主题是"如何转变教育观念，确立学生中心地位"，一位校长被要求回答一个情境性问题：当一位教师与一名学生发生争执，到校长室去评理的时候，校长该批评教师，还是该批评学生？据说，这位校长以不容置疑的口吻说，当然是批评教师，因为学生是学校的主人。

我无法判断这件事的真实性。但是我知道，一个时期以来，有不少似是而非的东西确实给许多校长带来了思想上的混乱，以至于使他们战战兢兢地面对着眼花缭乱的"新理念"而迷失了自我。在一些学校里，看起来，校长是在直接服务于学生，似乎把着眼点全都放在学生身上了，很不理智地抛开了教师。上面这个笑话，从某种意义上说，对我们是一个警示，也引发我们反思：当强调"学生主体""学生中心"的时候，我们应当把教师放在什么位置上？

教育是塑造人的事业，以学生为本，塑造他们美好的人生，是我们不懈的追求。可是要知道，这一切都只能通过教师来完成。用幸福才能塑造幸福，用美好才能塑造美好，学生"亲其师"才能"信其道"。任何关爱都必须经过人的传递才显得真切、动人，谁都没有办法改变这一点。一位教师，在校园里、课堂上，举手投足间，都潜移默化地影响着学生，可以春风化雨，学生也可能"近墨者黑"。学生正是在耳濡目染间长大成人的。可是，长期以来，我们有没有想一想：长年累月生活在学生中间的老师们，他们幸福吗？他们的心情还好吗？他们的脸上还有微笑吗？

我们不妨随意剪辑一组拍摄于校园里的镜头——

首先是带着一脸怒气走进教室的数学老师。因为分房子的事，他刚刚跟总务主任进行了一场唇枪舌剑的争论。让同学们莫名其妙的是，他一开始并没有按教学进度讲不等式，而是讲起了社会的不公。这是他经常提到的一个话题，但今天的火药味远比平时要浓得多。同学们一边听课，一边开始"防御"，生怕把"火"惹到自己身上。尽管大家都变得特别乖，但仍有十几个同学难逃"厄运"。

还有因为教导处调整了检查作业的标准而影响了评分的化学老师。今天，他没让课代表去办公室拿作业，而是亲自抱来了全班的作业。他一脸阴沉地抽出了一份又一份他平时表扬过的学生的作业，开始了不同寻常的讲评，一直把全班同学的脑袋全都批评得垂到桌面上。

再看因为小孩发烧而一夜没睡好的英语老师。第一节课刚走进教室，他就发现后面坐着几位校领导，他一下子意识到，这是学校正在推行的领导"推门听课"，想不到第一个就轮到自己了。小孩病了，没人知道；家里有事，没人问一句。当领导的专做些乘人之危的事！他也不知道是怎么把课上完的。一直到第二天课代表没交作业，他才想起下课的时候忘记布置了，情绪一上来，莫名其妙地冲课代表发火，直到把课代表训哭了才罢休……

在这样的校园里，空气中弥漫着火药味，大家一个个神经都绷得很紧，教师怎么能有幸福感呢？在教师没有幸福感的校园里，学生会好到哪里去呢？

把一家小小的旅行社做成世界第三大旅游管理公司，并使其成为"美国100家最适合工作的公司"之一的罗森柏斯国际集团老板豪尔，对公司"顾客至上"的说法不以为然。尽管对员工来说，顾客当然是处于第一的优先位置，但对公司来说，实际上是通过把精力集中在内部，集中在自己的员工身上而获得成功的。豪尔批评说，有太多的公司把压力、恐惧和沮丧施加给了自己的员工，员工每天晚上把这种感受带回家里，这会引起家庭问题；第二天一早，员工又会把这些家庭问题带到工作岗位上。这种恶性循环非常典型，也非常可怕。

1974年，当豪尔加入公司的时候，他发现在"顾客至上"的旗帜下，公司几乎把所有精力都集中在顾客身上而很少关注自己的员工。公司管理层的工作全部围绕顾客展开，他们甚至忘记了是谁在为顾客服务。豪尔认为，从长期来看，不愉快的人提供的只能是不愉快的服务。最高级别的服务是发自内心的。因此，能够到达员工内心深处的公司就能提供最优质的服务，这也是管理者能为顾客所做的最好的事情。豪尔认为，当公司把员工放在第一位的时候，员工就会把顾客放在第一位。同样，当学校把教师放在第一位的时候，教师也会把学生放在第一位。

一位教师，当他的家庭问题、待遇问题、被社会认可的问题等都不成问题时，他自然就会把所有精力都放在学生身上。"学生主体""学生中心"是靠教师去实现的。对校长来说，教师就是实现其教育理想的天使，只有当教师从自身出发，觉得应该把学生放在首位的时候，他才会发自内心地这样做。想一想我们现在的学校，给教师更多的是压力。不错，压力就是动力，但我们也不能忘了另一句话——"没有压力不行，仅有压力不够"。对一个教师来说，他从事的职业是塑造人的，如果他的动力不是来自热爱，而仅仅是来自压力，这样的塑造，其结果肯定是十分可怕的。

新一轮课程改革把课程目标从过去的"一维"改为"三维"，从平面变为立体，我们不仅要教给学生知识，培养学生的能力，而且要关注学生的情感、态度和价值观。为此，长期以来被忽略的育人者的情感、态度问题，也理应被提到应有的高度。值得庆幸的是，我们现在已有很多学校开始致力于培养教师在学校的"幸福感"，这是教育的理性和管理的智慧。

松下幸之助有一句话，听了着实让人感动。他在为松下公司确立定位时曾说："松下电器公司是制造人才的地方，兼而制造电气器具。"在这样一家"制造人才"的公司里，还有谁会心有旁骛呢？正是松下幸之助对员工的一片赤诚，才最终把松下公司建设成为充满人文关怀的家园。所以，无论从哪一个角度讲，我们今天的学校管理者都应该善待我们的老师。

用制度塑造文化

自1955年诞生，到发展成为拥有30000家分店的跨国公司，麦当劳不过用了50年的时间。这样一个发展奇迹得益于麦当劳公司经理人的成长速度。因为无论公司发展的速度有多快，麦当劳总是预先准备好新的经理人。于是，人们开始关注、传播、学习麦当劳以培养属下为己任的公司文化。

其实，文化并不是凭空而来的。了解麦当劳的人可能都知道，这种给麦当劳带来快速发展的公司文化，是有强大的制度做保证的。麦当劳规定，无论管理人员多么有才华、工作多么出色，如果他没有预先培养好自己的接替者，那么他在公司里的升迁将不被考虑。由于这关系到每个人的前途和声誉，所以每个人都会尽一切努力培养接班人，并保证为新来的员工提供成长的机会。这项规定作为麦当劳公司的一项重要规则，保证了麦当劳的管理人才不会出现青黄不接的情况。原来，良好的文化来自制度长期以来的塑造。

英国伊顿公学的校友有很强的团队精神，同学间常常情同手足。在他们的心目中，校友间互帮互助几乎是天经地义的事情。其实，这样的文化同样是源于学校的制度。在伊顿公学，对学生的管理主要靠一种被称为"大房子"的制度，即无论家庭背景，不管年龄、种族，学生一入校门，就以50人为一组，住到一幢像家一样的大房子里，和一名德高望重、被称为宿舍长的教师全家一起，组成一个新的大家庭。他们一同读书学习，一同做饭用餐，甚至可以在他们的宿舍长老师家里，也就是他们的"爸爸妈妈"家里打牌聊天。这所学校还有一个重要的制度，即每到周末，每位教师要带10名学生到自己家"聊天"。从下午开始，可以一直到深夜，中间做什么事情，完全由教师、学生一同商量。在这样一些制度下，校友间产生亲如兄弟、情同手足的伊顿亲情也就是自然而然的事情了。

1990年代中期，以学生为中心的观念席卷校园。当时，我正在高密一中做校长，也试图改变一些传统的学校文化，结果，费了很大的劲，就是不见效果。后来我才明白，不在制度上动刀动枪，单凭理论灌输、观念更新，是不能从根本上改变文化的。于是，大家集思广益，摒弃了一些有悖学生主体地位落实的镣铐和枷锁，学校里的阳光竟因此变得灿烂了许多。我记得关于班主任的聘任级别，我们在原来的一级、二级、三级和导师级之上，新增加了一个更高的级别 —— 辅导员，这是我们对班主任老师最高水平的认定。那么，什么样的班主任可以被聘为辅导员呢？我们规定，只有这个班级里所有事情的最终决定权都从老师手里转到学生手里的时候，这个班级的班主任才有可能被聘为辅导员。有了这样的制度，以学生为中心的学校文化就不可能建立不起来。

其实，在现实生活中常常发生一些制度与文化南辕北辙的笑话。有一段时间，网上曾经对中秋节放假的问题讨论得如火如荼，尽管人们在措辞上可能有些咄咄逼人，但仔细想一想，大家讲的还是有些道理的。我们从古至今一直引以为自豪的就是我们的传统文化，我们敬老爱幼，我们重视亲情、友情，我们有很强的家庭观念。可是，老一辈人给我们留下来的中秋"团圆节"在法定假日中没有名分，这破了多少人的团圆梦想！五一劳动节可以放假七天，国庆节可以休息一周，为什么不可以把这些时间挪给那些希望在中秋团圆之夜拜见父母、会见亲朋的人一些？（编者注：此问题现在已解决）一个小小的放假制度，时间久了，也会反过来影响一个民族的文化。当有一天我们慨叹世风日下的时候，但愿不要再吃错了"壮骨"的"钙片"。

曾经到某地的一所示范性高中考察，主人告诉我们，学校有悠久的办学历史和传统文化，教师个性成长早已蔚然成风，由此也产生了一大批骨干名师和很有影响力的教改成果。敬佩之余，我却发现他们正在制定的校本教研制度基本堵死了教师个性成长的道路：计划统一，地点统一，备课方式统一，阅读书目统一，就连填写的表格也是不分学科、不论年级，全部是一个模式。我不知道出台这样的制度能不能让教师个性张扬的传统得到很好的传承。

你提倡的是什么？你希望塑造的文化是什么？你的制度又是什么？当我们面临这些抉择的时候，当认真思量才是。

学校机制建设要立足班级生活质量

我刚接任校长的时候，一位老领导曾告诉我说，一所学校，只要班级乱不了，就不会有大问题。于是，我把班主任工作紧紧地抓在手上，一日常规考核，每周综合评价，按月兑现奖惩，用老师们的话说，就是把班主任折腾得"死去活来"。学校倒是没乱，表面上学生蛮守规矩的，可班级生活质量每况愈下，师生关系高度紧张。在一次"我最爱戴的老师"评选活动中，一半以上做班主任的老师落选。我开始困惑起来。

后来我发现，在学校制定的十几项乃至几十项扣分项目的"关照"下，学生在校园里一个个如履薄冰。学校给班主任的压力，在班主任手里已经变为压力的平方压到了学生头上。迟到一次扣2分，学校是不问迟到理由的，因为没有更多精力去弄清楚理由。于是，班主任也就不分青红皂白地对待迟到的学生，即使知道学生可能有正当的理由，也仍然恶语相加。把学校办得像监狱一样，这是我们的悲哀。

在大会小会上，我开始和老师们讲道理，希望老师们不要和学生太计较，可是没有效果。我私下里问一些老师，他们反唇相讥，跟我说要老师不与学生计较，学校首先不要与老师计较。一句话噎得我缓不过气来，我不得不承认这句话的分量。

静下心来想一想，问题的根子竟然都在我们学校管理者的身上。我们的确和班主任太计较了，班级的每一项检查评比，都要周通报、月汇总，张贴得人人皆知，大事小事都要和原本就微不足道的班主任补贴挂钩。换位思考一下，我们给班主任的压力太大了，于是，他们只好把这个压力转嫁到学生身上。斤斤计较、睚眦必报、相互猜忌的师生关系代替了宽容、和谐与健康向上的班级生活，只看眼前不问长远的班级建设的短期行为，只重治标不重治本的顾此失彼的工作方式，在班级管理中都被发挥得淋漓尽致。

班级是学校机体的细胞，是学生实现成长和社会化的重要基地，提高班级生活质量，为学生营造充满成长气息的精神家园，应该成为学校工作的重要任务。但我们在研究学校管理制度、学校发展规划等方面，考虑班级生活的时候太少。如果一位校长不是站在班级建设的角度来思考校风建设、研究学校管理，而是就校风抓校风，就管理抓管理，那就会有问题，而且很可能会有大问题。事实上，从班级建设的小处着眼，才能最终搞好校风建设。

我开始思考怎么与这种我们已经习以为常的管理机制告别，不再和老师们在狭隘的小圈子里计较。于是，我们实行了班主任职务聘任制，把班主任职务分为五个级别，每年进行一次聘任，对班主任工作的评价，以模糊代替了"精确"。虽然仍会关注学生迟到、早退、校服不整等管理工作中不可回避的小事，但不再以此和老师们日清月结地"算账"，而是让它们成为学校、老师以及学生的参考。而提高班级生活质量、建设良好校风、为学生创造充满成长气息的精神家园，则成为我们衡量班主任工作的首要条件。班主任在学生中间的威信，则是我们考察班主任最重要的一项指标。

这样一来，班主任开始变得宽容起来，他们不再和学生斤斤计较，他们的思考也显得更加深邃、更加长远。他们从盯着学生的一举一动中走出来，努力关注学生的发展潜能；从急躁、喜怒无常中走出来，变得大度、宽容、自信起来。机制的变化，带来了可喜的局面。

任何一位校长都希望塑造一个好的校风，都在考虑用一个好的机制来保证良好校风的形成，这个机制首先必须有利于班风建设。先有班风，再有校风；立足于班风建设，才会有良好校风的形成。因此，学校机制建设首先要立足于班级生活质量的提高。

第二辑 ————————————————————————

打出自己鲜明的旗帜

有所不为有所为

著名漫画家蔡志忠先生有一个收藏佛像的爱好，他的这个爱好有些与众不同。

他在决定收藏佛像之前，就立志做一个不同于一般的收藏家。所以，他没有像一般人那样把木刻的、石雕的、泥塑的佛像一起收藏，而是选择只收藏铜佛，其他的一律放弃。表面看来，只收藏铜佛，很难和什么佛像都收藏的人相比；和其他什么古董都收藏、"琳琅满室"的人比起来，他的收藏好像单调、贫乏。但是，事实很快证明了蔡先生选择的正确。他只花了一年的时间，就收藏了1000多尊铜佛，到现在已有更多，特别是中国宋元明清时期铜佛的收藏，他已达到世界一流水平。而很多人收藏古董，花十几年、几十年，有的甚至花了一辈子也没有搞出这么大的名堂。这就得益于蔡先生的"舍"。他敢于舍弃其他东西，才使他的金钱、心力发挥了最大的效益。如果他没有做这种舍与取的选择，而是见猎心喜，漫无目的地收藏，那么各种收藏一定都只是一些皮毛，他也难以成为世界级的收藏家。

很多人只学会了取，却没学会舍，于是便取得很有限，取得不多不精。那些表面看起来什么东西都抓在手里的人，由于两手抓满了很多不见得那么需要的东西，因此在碰到真正喜欢或需要的东西时，不是茫然不觉而错失机会，就是心有余而力不足，根本就没有多余的手去抓了。

联合利华公司前首席执行官佛罗里斯·梅尔杰斯说，在每个方面都杰出不是一个可行的目标——滴水能穿石，只因为它永远打击一点。

一个人要懂得自己不需要什么。

1995年，我们高密一中集中了很大的力量进行课程体系的完善。校本课程的开发，选修课、活动课的设置，需要添置大量的教学器械，从社会上聘请特长教师也花费不小。在我们看来，这是必需的开支，因为它直接影响我们的育人目标，我们必须这样做。当时，和我们处于同一个层次的学校，基本上都被评定为省级规范化学校了，而我们和省级规范化学校的硬件条件差距非常大。譬如说，体育馆就是评定省级规范化学校必备的硬件之一。如果我们把用在课程建设上的钱挤掉，差不多可以建一个体育馆，而课程建设不是评定省级规范化学校的指标。但我们还是没有那样做，因为我们的近期目标和远期目标都不是仅仅评上省级规范化学校。尽管我们学校到现在都没有体育馆，但学生能在装备优良的自修楼、探究室、网络中心、多媒体演播室学习，能在各种选修课、活动课中成长。这是我们最大的收益。我们由此培养出一大批出类拔萃的学生，省教育厅也因此以免检的方式破格将我们学校评定为省级规范化学校，同时评定为省素质教育实验学校。

所以，敢于在一些地方认输，不是真的输了，说到底还是为了赢。有所不为，是为了大有作为。

后来，我们以高密一中为依托新建了一所分校，又是在建筑投资的问题上出现了争议。投入同样的资金，既可以建一个游泳馆，也可以建一个体育馆加一个300米的塑胶跑道。如果建一个体育馆和一个塑胶跑道，学校就可以顺利通过国家级示范学校的初审，而游泳馆在国家级示范学校的验收中是没有要求的。孰重孰轻？没有怎么思考，我们就放弃了又一个可能使我们头戴光环的机会，用这部分资金建起了全市仅有的一个游泳馆。试想一下，整个市区，近三万名中小学生没有学习游泳的场所，一个个都是旱鸭子，他们在全球化的背景下如何在"地球村"生活？高密没有大江大川，可说不定将来你会到江河纵横的地方闯天下。从高密走出去的是不是复合型人才？他们有没有自我保护能力？从这个角度看，比起一块示范学校的牌子，游泳馆就显得重要多了。

高密一中没有漂亮的大门，没有行政办公楼……我们没有的东西真是太多了，但我们知道，这些都不是我们最需要的东西。

1999年，IT冲击校园，网络背景下的人才培养成为新世纪的重要课题。这时候，对高密一中来说，尽快建设数字化校园，让教师、学生在网络背景下工作、学习，显得特别迫切、特别重要。可恰恰在这个时候，我们学校成为承办省中学生运动会的候选学校之一，应该说这是难得的机会。当时学校的操场不达标，没有塑胶跑道成了申办运动会的瓶颈。孰重孰轻？何去何从？权衡利弊，我们选择了"有所不为"，忍痛割爱，放弃了建造塑胶跑道的想法，也放弃了承办运动会的好机会。尽管这样做让我们与宣传学校的机会失之交臂，但我们却用腾出的资金建起了一个有500多个终端的千兆校园网，实现了校园数字化，每位教师都拥有一台电脑，每间教室都配备了液晶投影仪、实物投影仪，教学信息化水平大大提高。网络背景下的教学给我们的教师和学生带来了很多收益，这不是一个中学生运动会所能代替的。

高校保送生名额一直是一些重点中学下力气争取的。有些好心人也常常劝我们，高密一中发展到今天这个程度，在大学里也有些影响了，如果做一做保送生的事，应该没什么问题，保证可以送走一大批学生。但我们一直没有投入精力去做，因为我们知道，有了保送生名额，固然可以使一部分学生有个比较好的出路，使被保送的学生和家长高兴，但由此带来的负面效应也不能小看。你要赚便宜，就必须付出代价。后来的事实证明，一旦社会上一些不健康的东西渗入校园，校长是无能为力的。

后来，我到高密教委工作，一直没有在各所高中学校举办高考复读班。一开始，校长们并不理解：各个县都在办，唯独我们听话，逞什么英雄？再说，这也直接影响各所高中的升学率。但是我想，牺牲一点儿复读班的升学率，却能使各所高中维持较好的教学秩序。因为一旦放开让各所高中举办高考复读班，为了争夺生源，人们必然要把最好的师资全部"押"在复读班上，从而造成不必要的人才资源的浪费，而高一、高二往往就没有足够的骨干教师，从而使基础教学受到极大影响。再说，学校激烈争夺生源不仅会丢尽校长、老师的面子，而且在学生面前也会失掉不少教育的力量。细想起来，我们得到了一些也许更重要的东西。

打出自己鲜明的旗帜

前面提到我在高密四中做校长的时候，我们曾在学校大门两边写上这样的话："怕苦累莫入此门，图轻松另寻他处。"我们把它称为学校警言。

这在当时成了当地的一个热门话题。因为在当时，大部分学校门口都挂着"团结、勤奋、拼搏、进取"一类的标语，突然冒出这样一个"生面孔"，人们都感到特别新鲜。于是，就招来了一些议论。

其实，我们并没有标新立异的意思，主要是希望旗帜更加鲜明一些。高密四中地处偏远的农村，学生家长都是靠吃苦耐劳持家的，他们饱尝工作、创业的艰辛，深知生活的艰难，所以，他们也普遍希望自己的孩子将来能保留这陪伴他们一生的品格，以应对将来未知生活的挑战。不怕苦累，对农民的孩子来说几乎是第一位的。我们提出这样一个警言，就十分容易得到家长的认可。后来的事实也证明了这一点。

学生是带着吃苦的念头跨入校门的。当地小学、初中的老师已经给孩子们打足了预防针，家长更是借题发挥。但事实上，学生来到学校后逐渐明白了学校对这句话的解释与社会上的理解出入还是比较大的。"不怕苦累"是我们努力培养的精神，而校园生活还是要遵循中学生的生理与心理发展规律，既要紧张有序，又要生动活泼。学生对这样的生活大都十分适应，甚至非常满意。原因很简单，学校实际的生活比他们想象的要轻松、愉悦得多。我们的若干事情都是在这样一面旗帜下进行的。学习效率的提高、意志品格的锤炼、未来人生的准备……在这面旗帜下，一切都显得自然而然，几乎没有什么障碍。

据说，在美国的西点军校里，有一句振聋发聩的话："你们现在不是人。"有人说，这句话太过分了。是的，如果你只看字面意思，你可以给这句话找出一千条毛病，但西点军校的学员们却从这句话中获益匪浅。因为这是一面旗帜，既然是旗帜，就应当个性鲜明，与众不同。在这面旗帜下，个人的东西被最大限度地压缩，一切个人的自由都要有前提，"你们现在不是人"是西点军校的教官们提示走进校门的人，自由也好，民主也罢，先暂时搁一搁，要用一些共同的东西来铸造战火里的灵魂，锻打硝烟中的品格。其实，在这面旗帜下，教官们并没有真的把学员当作野兽，学员们更没有野性发作。

高密市康成中学的校魂是"每位孩子都是好的"。有人抠字眼儿说：不是有少年犯吗？他们也是好孩子吗？显然不能做这样的理解。其实，学校的意思非常明显，就是要我们的老师和家长不要放弃任何一个孩子，要尽最大可能教育、培养好每一个孩子。再说，"人之初，性本善"，孩子在成长过程中即使走一点儿弯路，有一些过失，也是可以原谅的。正是基于这一点，我们主张教师把孩子们在成长过程中所犯的错误，称为"美丽的错误"。

高密市第二实验小学一进门，迎面便是"让每一个学生都获得成功"的标语。有人说：你们能做到吗？100％的孩子都能成功吗？校长说，这是我们的理念，更是老师们的追求，尤其重要的是我们怎么看待成功，用什么尺子去衡量成功。比如，对一个基础好的学生来说，考试得了100分是成功，而对一个基础很差的学生来说，得了60分也是成功。你写了一篇好文章是成功，他唱红了一支歌也是成功。成功其实是相对而言的，关键是怎么去理解它。

鲜明的旗帜往往有争议，但你不要介意。这世界上爱唱反调的人真是太多了，他们随时随地都可能列举出几条理由，说你的理想不可能实现。你一定要坚定立场，相信自己的能力，努力实现自己的理想。

有个大家耳熟能详的故事，说的是父子俩赶着驴子去集市的遭遇。起初父亲骑驴，儿子走路。路人看见他们，就说："真狠心哪！一个强壮的汉子坐在驴背上，那可怜的小家伙却要步行。"于是父亲下来，儿子上去。可是人们又说："真不孝顺哪！父亲走路，儿子骑驴。"于是父子两人一齐骑上去。这时又有路人说："真残忍哪！两个人骑在那可怜的驴背上。"于是两个人都下来走路。可路人又说："真愚蠢哪！这两个人步行，那头壮实的驴子却没有东西驮。"他们最后到集市上时整整迟到了一天。何故？原来无所适从的父子俩只好一起抬着那头驴子来到了集市上！

怎么骑驴子都可以到集市上去，我想，关于这一点是没有什么固定答案的，但千万不要抬着驴子去。做校长的经常会遇到一些完全相反的叫你两难的"忠言"，你不能说这些"忠言"没道理，但你仍然可以不去做，因为并不是所有有道理的东西我们都要去实践。重要的是我们要有自己的主见、自己的思想，打着自己的旗帜一路走下去，不要像那对抬着驴子的父子。

联合国大厦前的一百多面国旗，每一面都充满个性，与众不同。很明显，旗帜要鲜明，首先要有自己的个性，要让它成为你自己的，不然就谈不上鲜明，也就没有感召力。

高密四中确立"永不屈服"的校训时，开始也有不同的声音。有人觉得"永不屈服"有点儿压抑；有人则感到它有点儿拗口，希望改为"不屈不挠"或者"愈挫愈奋"。可大部分老师不同意改，理由也有许多。我记得比较集中的理由是"永不屈服"与学校的现状相吻合，而且似乎还没有学校把它当作自己的旗帜，我们用起来新鲜带劲。于是，在教代会上，校训就这样保留了下来。

事实上，这个校训包含了许多层意思：如何面对学校所处的不利区位，面临重重困难时我们应有的态度，对学生心理素质的要求……这里面当然有"不屈不挠""愈挫愈奋"的意思，甚至还包括我们面对国家尚未强大的现实，对学生所进行的爱国主义教育。这些丰富的内涵都在这一面旗帜下愈加鲜明、生动。学生在这样一面旗帜下接受教育的时候，显得格外激动，也比较容易受到感染。走出校门的学生在给我的信中几乎百分之百都会提到这个带给他们终身激励的校训，有的甚至在部队都当首长了，还用这样一个校训去"武装"他的士兵，据说也同样取得了不错的效果。

后来，我到高密一中做校长，和大家一起酝酿、确立的校徽是一个"鹰爪鸽"。同学们很满意，因为大部分人或者用鹰或者用鸽做他们的"图腾"，用得太多太俗，我们把鹰和鸽"嫁接"在一起，就产生了一个全新的形象。一方面，它的主体是一只祥和的鸽子。这表明我们教育的终极目标是培养追求和平与幸福的人。拼搏、竞争都是过程，而幸福才是我们的归宿。另一方面，和平与幸福是等不来的，所以，我们设计校徽时借用了鹰的爪子，借此告诉大家，要赢得和平与幸福，就必须像鹰一样搏击。这样一个与众不同的校徽给大家留下了深刻的印象，学生也就比较容易接受其中的思想。

关于成功，人们有许多种解释，其中有一种解释值得我们认真品味：成功就是与众不同。你要想有一个与众不同的成功，那就先从打出自己鲜明的旗帜开始吧。

进行没有压力的改革

这些年来，常常有人与我谈起一个话题，就是关于改革的压力。在他们看来，我从在高密四中主持学校工作以来，可以说一路是靠改革推动工作的，有些方面，诸如人事制度、分配制度，改革力度不可谓不大，这里面的酸甜苦辣自然是人们普遍关心的。从媒体那里，我们经常会了解到一些改革带来的悲壮，许多时候甚至是以牺牲友情、亲情或者爱情为代价的，改革者不是被描绘成铮铮铁骨的硬汉子，就是被描绘成顶着天大压力而呼号奔走的铁娘子。说实在话，每每看到这些，带给我最多的往往不是感动，而是思索。

是的，我们需要改革，我也一直在探索改革，推动改革。但我一直认为，改革不应该是一个人的"作品"，而应该是改革主体共同的事业。改革者应该有"大船"意识，其中既要有"艄公不努力，耽误一船人"的紧迫感，更应该有"万人划船唱大风"的团队文化。如果说改革有压力的话，那么，这个压力应该转化为团队中每一个人的动力。一个领导者最重要的责任是把这个压力锻打、升华，变为集体拼搏的进行曲、团队聚会的狂欢歌、个体成长的壮骨粉。

1991年，我做校长的第二年，我到京城的一些改革名校学习学校内部体制改革的经验，一些好心的校长提醒我，"四制"改革只能搞"三制","教师聘任制"只可"打雷",不可"下雨"。无一例外，他们的理由是校长担不起这个压力。

我带着善意的提醒回到学校，却发现"好心"解不开学校的"结"，"善意"解不了学校的"围"。"四制"改革只搞"三制"，没有"教师聘任制"，其他"三制"就会成为摆设。

校长是人不是神，我也一样。如果进行这个改革真的有常人承受不了的压力，那么，我也不希望去进行这样一个令人生畏的改革。

于是，我开始思考，怎么把改革变为大家共同的事业，使其成为每一个人成长的平台，使绝大多数人能够认同、理解，进而全力参与。为此，我们工作的第一步就是为改革定位，把改革的目标定位为教师的成长。你怎么才能成为学生喜欢的老师？你如何实现你的成长计划？学校需要为你提供什么？你自己应该有哪些付出？于是，全校教师把这一连串的问号变成了叹号：需要个体的努力！需要规章的约束！更需要制度的改革！我记得，一位老教师讲的那个著名的"温水煮青蛙"的实验唤醒了大家，"不甘平庸"因此成为改革的前奏。这样一来，改革就有了比较坚实的群众基础，即使在过程中出现一些问题，一般也不会被简单地归结为校长的"罪恶"。健康的压力虽然也是压力，但却没有人们通常所惧怕的内涵。

第二步其实也是十分自然的事情，就是把改革交到大家手上。改革不是校长手上的魔杖，更不是令人生畏的魔瓶。有了第一步，第二步就显得水到渠成了。从改革方案的起草到通过，从岗位的设定到工作的选择，尽管大家还是站在不同的角度，尽管还是有争论，但一想到那个令人振奋的目标，大家的意见就十分自然地得到了统一。即使有一些无法统一的东西，校长也没有必要"一锤定音"，暂时把它们搁置起来又有何不可？

当然，改革的策略往往也是决定改革成败的关键。譬如，前面提到的教师聘任制，我们与一般学校做法不同的是重心下移。我们叫作分层聘任、双向选择，把聘任的权力交给中层部门。在校长聘任中层干部之后，由中层部门与全体教职工进行双向选择，中层部门可以在规定的编制之内自主选择中意的员工，事权和人权得到了统一。每一个教职工都可以填报几个志愿，选择适合自己的岗位，这同时也是选择适合自己的主管。双向选择的过程，是自己衡量自己、衡量别人的过程，同时也是自己被别人衡量的过程。掂来掂去，自己与别人的分量越来越明确，这往往会成为日后提升自己的动力。

这样一来，校长的权力是小了，但他却有更多精力去思考该思考的事情，因为校长面前不再有纷繁的矛盾。有人曾经问我：这样做是不是矛盾下移，把矛盾推到中层干部身上了？我说，这不叫矛盾下移，这叫矛盾消化。因为有些事情往往就是这样的：在你手上是矛盾，在别人手上就不是矛盾或者就没有矛盾了。分层聘任与双向选择体现的正是这个道理。校长一个人面对全校几百个教职工，聘谁不聘谁确实难以权衡。这么大一个队伍，且不说你难以了解每个人，即使你对他们每个人都了如指掌，又能做到公平如镜，但落聘者是在你手里落聘的，矛盾无疑还是集中在你身上。而分层聘任，有四五个中层部门供每一个员工选择，员工又可以填报几个志愿，在这样一个机制下，如果你还是落聘，就不是哪一个部门的原因，而是你自己的原因，你向谁去"大声疾呼"：为什么所有的部门都不聘我？从我们的实践来看，一般来说，落聘者从自身找原因的还是比较多的。

压力还是有压力，不过压力的"生态"变得平衡了许多，它不再是校长一个人的事情，而是团队进步的动力。从字面上看，压力还是那个压力，但却有了完全不同的内涵。

把规章制度减到最少

我在美国哥伦比亚大学做访问学者期间，曾经到过该校的道奇健身中心，给我留下深刻印象的不是里面那些人性化的健身设施，而是健身中心的一纸说明。其中谈到规章制度的时候，有这样一句话："我们是有一些规章制度，但我们会将规章制度的数量降到最低限度。"看过之后，我颇有些好奇，后来，才慢慢明白了其中的道理。

在西方，许多人认为，"政府是个不能没有的坏东西"：没有它，社会就没有秩序，人类就玩不转；有了它，如果它过于强势，势必会给经济和社会发展带来很多羁绊。难怪哥伦比亚大学教育学院在学院的宣传画册中介绍自己的著名校友时特别点出其特点："他信任的是一个管得少的政府。"可见，只有管得少且管得好，才更有可能成为公众喜欢的政府。

经常听一些学校在介绍自己业绩的时候，拿制定了多少规章制度说事，似乎制度的多少与管理水平的高低成正比。其实，大量事实告诉我们，制度多了，说不定反倒成了束缚生产力的枷锁。

我在高密一中做校长的时候，因为大家同心协力，学校做出了一些业绩，在外面也有了一点儿名声，于是，一些专家、外地教育同行来学校参观、考察，一时间络绎不绝。这时候，领导提醒我们，一中并不仅仅代表一中，甚至也不仅仅代表教育，她是全市的窗口。怎么擦亮这个窗口？一个直接的办法就是整顿学校的环境卫生，先给客人留下好的第一印象。于是，我们把原来一天检查一次环境卫生改为一天检查四次。表面上看，学校的面貌焕然一新，可学生的一肚子苦水却无处倾诉。终于有一天，我收到一位学生的来信，信中历数这些不考虑学生感受的制度给他们带来的"灾难"。在他看来，制度越多，他们越是不得安宁。他不明白的是，制度到底是干什么的，学校又为什么要制定这样一些不近人情的规章制度。

一封平常的学生来信，让我如梦方醒。

我想起了摩托罗拉公司关于制度建设的一个故事。在东亚，摩托罗拉的工程师每月可以领2000美元的住房津贴，同时，他们的制度规定，津贴必须花在房子的租赁上，目的是让他们住在公司附近的社区，过得舒服一点儿、体面一点儿。然而有一天，公司主管因为有急事找一位高级工程师，却发现他住在远郊的一个简易工棚里，而用省下的钱接济他的弟弟上学。公司的第一反应就是解雇这位工程师，因为他违反了公司的制度，滥用津贴。经过激烈争论和认真反思，大多数人认为，他是把钱用在了刀刃上。最终，摩托罗拉还是修改了制度而留下了这位工程师。

别小看这件看上去似乎无足轻重的事情，事实上，它在摩托罗拉公司的发展史上具有重大意义，因为它教育了摩托罗拉的高层管理人员，让他们反思：制定制度到底是为了什么？

据《北京日报》报道，2004年湖南一位农民段永忠，为圆昔日大学梦，在他58岁的时候，来到北京师范大学中文系做了一名旁听生。因为26年前，政策限制已婚者参加高考，致使他拿到手的北师大录取通知书成为一张废纸。年近花甲的他，看到高考报名不再有年龄和婚否的限制，又重新萌发了上大学的念头，他就像一头饥饿的牛刚刚寻找到一处草地，希望吃进去足够的青草，以便将来到祖国西部从教时挤出更多的奶来。是谁导演了这样的人生悲喜剧？是制度，是一些叫人莫名其妙却又堂而皇之的规章制度。

曾经在网上遇到过一位中学生网友，他为炎热的天气里学校仍然要求学生穿着厚厚的校服参加升旗仪式而苦恼。学校希望以此创造一道靓丽的"升旗风景线"，因为只有校服齐整，才能显得严肃、壮观、整齐划一。而这位中学生则认为，穿什么样的衣服并不重要，关键是同学们是否以真诚的心态来参与这个仪式。

一般的学校大概还不至于迂腐到把穿衣服与教育效果生拉硬扯到一起的程度。只是，许多做了管理者的人似乎已经养成了一种习惯——不为被管理者设置点儿条条框框，管理似乎就没了缰绳，也没了管理者的威严。至于这样的制度到底是不是有用，是不是受人欢迎，那就另当别论了。

有位管理咨询公司的老板认为，当前的管理文化已经进入规章制度从完善走向简约的时代，在新时代的办公大楼里，人们将崇尚"无时钟文化"。尽管我并不完全同意他的判断和描述，但是有一点可以肯定，规章制度不是包治百病的灵丹妙药，在这个崇尚自由、追求个性张扬的时代，我们还要寻求更重要的东西。

把简单的事情天天做好

我在高密四中当校长时，也算取得了一些成绩，于是，不断有人到四中参观、考察。他们总是喜欢提出一个问题：四中的"真经"到底是什么？

我实在想不出什么"真经"，但有一点还是蛮有体会的，就是"把简单的事情天天做好"。

一位教育同行听了，若有所思地叫了出来："噢，那就不简单！"

的确，什么是不简单？把简单的事情天天做好，就是不简单。

看病号，是个简单的事情。只要是教师或者其家属病了，我肯定要去他们的床前问候，没有因为任何理由耽误过一次。出差、开会、放假，甚至我自己生病时，我仍然坚持这样做，这愈加使老师们感动。

听了课就要评课，这是个很简单的事情。大部分人听完也就完了，而我始终坚持听了课就一定评课。这不是我给老师们立的规矩，而是我给自己立的规矩，慢慢地，也就成了全校的规矩。这样，教研的效益自然就提高了不少。多少年了，到现在我始终坚持这样一个习惯。

把班级黑板报上学生习作中的精彩句子抄下来，向同学们推荐，并点评文章好在哪里，这也不是一件难事，难的是坚持做下去。正是因为我们坚持这样做，才有不少学生由此热爱学习，热爱学校，最终走向了成功。

每年春节给教职工家属发一张慰问卡，是个简单的事情，但我们将简单的事情复杂做，一年一个新花样，挖空心思让家属感到赏心悦目。一张小小的卡片，带去的是温馨、是爱心，同样也是送卡人独运的匠心。人们很容易就会发现，这里面没有敷衍，只有真诚。

学校晚上要点亮的灯总共是330多盏，哪一盏灯要在什么时间打开，又在什么时间关掉，哪一盏必须亮通宵，哪个人负责哪一盏，能天天坚持，这就是不简单。

一位来四中参观的教师课间在阳台上随手丢了一个纸团，立即就被一名学生捡走了；一位上级检查团的领导不相信这里的学生具有那样强的责任心，课外活动时有意打开了教室里的日光灯，结果马上就走过来一名学生将灯关上。

在我们学校，有一句说起来似乎有点儿拗口的话，就是"在什么时间干什么事，在什么地方干什么事，干什么事就要干好什么事"。应该说，这不算什么难题，更不是什么了不起的要求，但细想起来，要真正做到，特别是要天天做到、处处做到，还真是不简单。

既不重复别人，也不重复自己

1995年暑期，组织上安排我到高密一中担任校长。

当时的一中有点儿人心涣散，老师们对学校的前景信心不足。在这样一种状况下，让我这个三十几岁的年轻人去担此重任，据说，一个重要的理由是领导们认为我是个"铁腕"人物。他们似乎希望用一些刚性的东西，包括他们认为的我在高密四中时的"大刀阔斧"和"敢作敢为"，来改善学校的状况。

尽管我已经有了在四中做三年副校长、五年校长的经历，但就主持一中的工作来说，这些似乎都不能成为足以让社会各界放心的理由。于是，业内业外的人们以不同的心态关注着一中的每一点变化。有些好心人后来才告诉我，当时大家议论最多的就是：将四中的那一套拿到一中行吗？一所农村学校的成功，能在多大程度上为这所全市最高学府提供借鉴和动力？

在四中当校长时，尽管我很年轻，但在学校里我却是"老资格"了。我已经在四中工作了10年，不说对学校的一草一木都了如指掌，就是单论校龄，也没有多少人比我更长。还有，四中的骨干教师大都是我的朋友，我们是一起成长起来的，大家心里想的是什么，我还是比较清楚的。即使有些小的失误，老师们也会马上反映给我，他们甚至可以在校长室里和我争吵、与我辩论，我表面的"铁腕"有非常民主的基础。

在一中，情况就完全不同了。从踏入校门的第一天起，我与老师们之间就有一条"看不见的战线"，对这一点，我还是十分清楚的。分析一中与四中的不同之处，成为我踏入一中校园之后的"第一项修炼"。

我记得比较清楚的是，1995年，正是从企业管理中的"厂长负责制"延伸出的"校长负责制"在校园里被复制得如火如荼的时候，整合权力、显示权力在很多校园里"生机勃勃"。我隐隐地感觉到，如果我也顺着这条路子走下去，一中就不可能走得太远。在社会逐步走向民主、平等的大潮里，在社会呼唤人性化的大背景下，学校有责任锻造未来公民民主、平等的灵魂。而在过分强调长官意志、让权力随意徜徉的校园里，怎么可能塑造出代表未来发展方向的公民？

于是，"建设民主的校园"成为1995年一中的主题词。

我们开的第一个会是学校教职工代表大会。尽管老师们并不十分熟悉和习惯这种民主，尽管拘谨和不自然还是明显地弥漫在会场上，但他们会下的兴奋、激动使我感受到了他们对民主的渴求。

我们出台的第一个文件就是《教职工聘任和工资分配方案》。在两个星期的教代会期间，各方代表最为关注的也是这个方案，因为这是一个利益再分配的改革方案。不同的立场最终统一到学校大局这一立场上，"大船意识"统一起了划船的号子。有了民主，也就有了让步，有了妥协；一旦给了大家充分的民主，集中也就显得特别有力量。

在教代会上，我们同时还出台了一个限制干部权力膨胀的文件。其中规定，如果有一定数量的代表联名，教代会即可进入罢免校长的程序，而中层干部的任命则必须有80％以上教职工代表的信任投票，否则就要自动辞职。学校的年度财务预算必须由教代会通过，而月度财务预算则要经过民主理财小组审查。当然，我也没有像一些人那样把太多权力揣到自己的口袋里，甚至连那些最基本的权力都没要，包括财务签批权——因为我有更重要的事要做。

其实，对学校来说，更重要的应该是把民主还给学生，打造一个民主校园。从学生"十大自我锻造工程"到教学关系大讨论，从无人监考到班主任职责的重新界定……有了民主，也就有了学生的热情，有了学生的自由呼吸和主动发展。

现在谈起高密一中的成功，大家往往要说起很多像高密四中一样的改革"新举措"。其实，细细追究，一中成功的起点就是一个"民主"罢了。

2001年5月，正当我在高密市教委把分层管理、重心下移、放权给下属做得游刃有余的时候，一纸调令又把我调到了我的上级教育主管部门——潍坊市教育局担任局长。很明显，对我来说，这又是一次重大的考验。说实话，我已经习惯了尽可能少地使用权力，尽可能少地管理具体事务，发挥属下的主动精神和创造能力早已成为我工作的一个品牌。但是，在这样一个全新的工作岗位上，我不敢重复自己。我知道，我必须在管理的过程中尽快进入角色，尽快熟悉情况，尽快了解每一位同事和部属的特长、个性和工作特点。正确的决策来自你对手下资源的调度、整合，如果你不了解这些，你的决策就会面临危险。于是，在层级分明的机关里，我第一次推行扁平式管理，我开始与每一位科长、每一位科员打交道。在两年的时间里，我的工作变得"琐屑"而又"庸俗"起来，但我的工作基础却在这平凡的过程中变得更加科学、扎实。我又找到了一个不会有太多失误的工作状态。

不重复自己，需要可贵的自省，而不重复别人，则更需要自信。

当然，如果说有什么是可以重复的，那么，实事求是的思维方法可能算是一个，向规律靠拢的工作态度也可以算一个。

第三辑

在校园里创造市场

借水行舟

到2002年，我所在的潍坊市学校信息化的硬件建设告一段落，全市学校计算机拥有量已达十二三万台，每10名学生就拥有一台计算机。校园网建设更是突飞猛进，所有高中、初中和完全小学全部建成了校园网。

接下来，我们遇到的最大问题是校园网的使用，即怎么让教学资源在校园里有效地流动起来，让它走近老师、走向学生。2003年，我们把校园网教育资源的流量作为对县区、学校督导评估的指标之一，试图以此解决这个问题。

这样一来，难为了教育督导室的评估团，因为他们整个团队没有人能够担负起评估网络信息流量的重任。

其实，重任也不算太重，只是没人懂行罢了。于是，他们提出，能不能调一些懂行的人到督导室工作。

增加了新的工作，就一定要增加新的人员；有什么样的工作，就一定要有什么样的专业人员。在过去，这是天经地义的；可是在今天，我们就不能如此安排了。

当时，我们正在进行几所学校的规划建设。在讨论学校规划建设时，大家慢慢明白过来：盖大楼我们不是也不懂吗？可我们并没有把懂建筑的人调到学校里来呀！向懂行的人招标不就行了吗！

向社会购买，向计算机公司招标，谁能给我们测定清楚就用谁！

这一招还真管用。

2004年，学校安全工作监管越来越成为我们工作上的一个难题。往往是检查安全工作的小组刚到学校，就发现陪同的基层干部早就等在那里。有时候，两个人的检查小组要跟上十几个甚至二十几个陪同人员，你还能查出什么问题？

"微服私访"吧，可机关的干部就那么几个，基层的人谁不认识？你前脚到，人家后脚就跟了上来。

有没有更好的办法？

我们想到了社会的力量。让新闻界的人员参与，让他们去发现问题，然后，我们来"购买"问题。

记者们采录下来的安全隐患真是触目惊心，一百多个问题点，直叫收看录像的教育干部脸上冒汗。

2005年，大家又想起了大学生社会实践活动。何不让大学生们回到自己的家乡去寻找校园安全隐患呢？这样做，既可以让他们了解社会，同时也相当于让他们勤工俭学，向他们"购买"岂不是一举多得？

尝到了"购买"智力的甜头，大家连日常需要开很多会研究的事情也打起了"购买"的主意。2003年，我们开展"向成功开刀"活动，要求找出"学校走向衰败的30个征兆"。如果按传统的办法，就必须经过几个回合的讨论、研究，而且找出的东西往往角度也有问题，自己看自己，毕竟"身在此山中"，难识真面目。这样做出来的东西不仅成本不低，而且价值并不见得有多高。

向社会招标！让不同的人参与其中，从不同的视角发现问题，以不同的思维方式研究解决问题的办法，一个挺有新意的方案就这样出台了。

慢慢地，大家又把这一解决问题的思路引申到解决一些老大难的事情上。成立"教育硕士流动工作站"，帮助学校提升教学与管理水平，就是其中一例。

在我们的教研工作中，在学校的教学与管理工作中，长期存在浮浅且不系统的问题。许多学校在实践的层面做了若干事情，但真的要总结一下，或者举一反三、巩固提升，或者总结、升华并在较大范围内推广，往往非常困难。不仅一所学校做起来有困难，就是教育行政部门与教研部门也常常感到力不从心。"教育硕士流动工作站"的组建，就能在一定程度上帮助我们解决这样一些问题。进"站"的学生都是原来在学校工作过一段时间的教师，因为读教育硕士，他们又回到师范大学比较系统地学习教育理论，实践基础之上的学习、思考使他们有了大量感悟。所以，他们在流动工作站里开始工作时，实际上就把学校里经常发生的问题当成了他们研究的方向，这也成了他们硕士论文写作的主题。研究、分析问题的过程也是形成研究方向的过程，论文写作的过程就是形成解决问题思路的过程。这样一来，许多在学校层面长期得不到关注、没办法解决的老大难问题，慢慢进入大家的视野，逐步成为他们研究、解决的重点问题。

成立市级虚拟教育科学研究所，也是借水行舟的一个方法。有些事情不是一所学校能够完成的，教育行政部门或者教研部门也无力包打天下。因而，我们就以一所学校为基地，以一位骨干校长为"所长"，以双向选择、自愿组合的方式成立了一些虚拟的教育科学研究所。研究所的老师们自己立足实际，确定研究方向，解决工作中的实际问题。对他们的研究成果，我们则定期评审，每年奖励一次。虽然这些虚拟的研究所平时没有补助，但每年一次的奖励，其实就是改变了方式的补贴，也能够为他们的科研提供一些保障。研究出的成果，我们再通过"燎原奖"的形式输送到全市各类学校。这样一来，到底是谁借了谁的水，谁又行了谁的舟，有时候还真是说不清道不明，但有一点是很清楚的，就是大家付出的成本降低了，得到的实惠更多了。

无中生有

一名管理者，要实现自己心中的目标，当然需要资源的支持。但是，如果等到什么资源都有了你才开始做事情，那你肯定不会成为一名优秀的管理者。没有资源，你能创造资源，就像人们所说的，可以无中生有，那才叫不同凡响。

我到美国纽约一所著名的高中访问时，曾经很为学校仅有一座大楼没有学生运动场所而困惑。与孩子们交谈时我们才知道，学校早已把旁边社区的一个体育馆"据为己有"。校长与社区商定，管理、经营体育馆的任务由孩子们包揽下来。这样，既省去了社区每年雇工的费用，又解决了学校体育运动资源不足的问题。白天，孩子们最需要体育馆的时间往往是社区的人们无暇光顾的时段；晚上，孩子们已经放学回家了，社区的人们才开始穿上运动装，涌向体育馆。这样一来，学校不仅有了学生活动的场所，同时也把管理、经营体育馆变成了一门新的课程。据说，选修这门课程的学生还要排队等号呢。

应澳门教育暨青年局邀请，我曾经访问过许多所澳门的学校。虽然按我们的办学标准，澳门几乎没有一所学校可以达标，但是看过之后，我们又不得不承认，每一所学校在资源的利用上都可谓化腐朽为神奇，其无中生有的功夫，真正叫人拍案称道：没有教学资料室的，可以把校长的办公室办成老师们的教学资料室，老师们去资料室查阅资料的同时，还可以带给校长一些自己的收获或者困惑；没有足够多的图书供学生阅读，他们就每月在师生中搞一次"好书交换"活动，把每位教师、学生的藏书公布在学校的网站上，供大家互换分享；在校园的路口画上斑马线、装上红绿灯，交通安全教育变得既简单又生动；在狭小的校园里，随地画满供孩子们做游戏的图案，体育锻炼不一定要很大的空间；他们也缺教师，但课程却开设得丰富多彩，因为任何一所学校都有或多或少的兼职教师，有的不过每周来为艺术爱好者们拉一次提琴，有的仅仅每月来指导孩子们排练一出歌剧……总之，社会大舞台上的任何一个角色，都可以为学校所用。

其实，所谓无中生有之"无"，并不是真"无"，只是许多时候这些资源并不在我们的视野之内罢了，需要我们把思路打开一些，把眼界放宽一点儿，到更大的领域里去寻找。如果有谁能找到更多自己需要的资源，谁就拥有成为一名优秀管理者的本钱。

对时间资源的管理，同样可以无中生有。在机关工作的朋友往往因为没有时间读书、思考而苦恼。年年春夏秋冬，天天忙忙碌碌，10年、20年过去了，常常是回首万事空，像是什么也没干一样。于是，我们常常希望等有时间了再去充电。可是，等来等去，年复一年，黑发换白发，也没等来空闲的时间。其实想想看，时间是永远也等不来的，只能靠自己无中生有。在教育局机关，我们曾经实施过一个"深度思考两小时"的活动，让大家每天能有两个小时学习与思考的时间。具体说来，就是从一天的工作时间中拿出两个小时，譬如上午9:30到10:30，下午3:00到4:00。在这两段时间里，机关内部同事之间互不打扰，既不开会，也不串门，甚至连打电话也尽可能避免。除了外来人员需要接待，外线电话需要接听，大部分时间都是自己读书、思考或写作的时间。一年下来，大家总结经验，发现事情并没有少做，反而每天"凭空多出"可以用来充电的两个小时。

过去，我常常苦恼于没有时间锻炼身体：白天忙工作，自然是没有时间的；晚上还想读读书写点儿文章，当然也没有工夫。从哪里找时间？还是从上下班路上找时间吧。于是，步行上班，步行下班，关掉电话想一想该想的事情，一天一个小时的时间就这样挤出来了。而且，这个时间特别有保障，几乎没有人去挤占你的这个时间。苦恼了多少年的事情，就这样解决了。说起来，还是无中生有的思维方式帮了我的大忙。

寻找力量

什么是管理者？尽管不同的人可能有不同的理解，但是，大部分人还是比较认同这样一种说法：管理者，就是动员他人实现自己想法的人。

不论干什么事情，如果仅仅靠自己的力量，那最多只能干成你能力所及的事；如果你有更大的目标，你就必须学会多方寻找一些支持你的力量。你如果能够动员他人实现你自己的想法，你就是一个真正的管理者。

什么是管理？管理就是组织才华和塑造才华。当我们把身边人的才华甚至我们领导的才华组织起来，为我所用，实现我们自己想法的时候，我们才是高明的管理者。虽然我们还没有达到非常高的境界，但我们正尝试这样做。

首先，是培养党政部门的兴奋点，让党政部门愿意办教育，希望办好教育。如果仅仅靠我们教育内部的人，是没有办法实现我们的教育理想的，必须把它放在一个特定的大目标、大背景下，借助党政领导的力量来实现。譬如，为了促进县区的教育工作，我们与市委组织部联合下发了《关于将县区教育工作纳入对党政领导干部考核内容的意见》。根据这个意见，我们每个年度都要对各县区的教育工作情况进行督导评估，对教育经费、教师工资、生均公用经费等指标进行全面核查、汇总。对核查、汇总的结果，我们并不满足于和组织部联合下发一个文件，而是在更大范围内寻找力量。我们发现，《潍坊日报》是全市普及率最高的媒介，于是，我们就把每年督导的结果，分县区、分项目在《潍坊日报》上全面公布。这样一来，每个县区的教育工作情况基本上做到了家喻户晓。有个县的教育局局长告诉我，教育督导公报刚公布的第一个月，县委书记就找他三次，专门研究教育工作，不断地和他讨论有什么措施可以解决公报中的问题、明年怎么做才会有一个好成绩。可见，教育工作开始成为领导的兴奋点了。有一位县长和我开玩笑说，过去做政府工作报告，涉及教育的内容，岁岁年年"老三篇"，无非就是"把教育放在优先发展的战略地位，加大了教育投入，提高了教师地位"云云；现在教育督导公报一登报，他们再准备政府工作报告，还真得再三斟酌，搞不好台下的人大代表会鼓倒掌。看上去他像是在说玩笑话，仔细想想，还真是那么回事。每年的财政投入都与百姓见面了，你还在台上胡吹乱侃，不是自找难看吗？

这样说来，我们不仅借助了媒体的力量，连人大代表的力量也被找来发展教育了。

还有一个问题，就是如何调动全社会的力量，为教育的发展创造良好的环境。说实话，围绕教育发展的环境，从中央到各级党委、政府对各部门、各行业都有明确的要求，文件下发了不少，规定也有很多，财政、公安、规划、建设，对教育这个需要全社会关心的事业，应该各负其责，可真正得到落实的却并不多。究其原因，就是没有一个机制去监管。在充分调查、研究的基础上，我们从省人大通过的教育督导条例里找到了依据，让我们的教育督导室担负起"同级督政"的责任。财政局的教育投入、公安局的学校周边环境治理、卫生防疫部门的食堂卫生监管，这些长期无人过问的工作都受到了教育督导室的监督。教育督导室虽然设在教育行政部门，但真正认真起来，其实是人民政府的督导部门，它本身就有权力对各部门"指手划脚"，正像有人所说的，它是一个可大可小、可虚可实的"衙门"。条分缕析各部门的职能与责任，把模糊的弄清楚一些，把笼统的细化起来，于是，每年对各部门在教育方面的责任予以督导，并向全社会公布结果，成为教育督导室法定的任务。这样一来，我们推动教育工作时又有了一股新的力量。

在校园里创造市场

一提起市场，人们往往就会想到市场经济，想到鸡鸭鱼肉，想到推销经营。在一般人看来，市场与教育，特别是与学校似乎没有多大关系。于是，面对长期累积下来的一些老大难问题，我们往往束手无策，从没有想过用一用市场这只"无形的手"。

其实，如果我们真的能够在教育系统、在学校里创造出一些市场，或者用一用市场这只"无形的手"来解决一些长期难以解决的问题，往往会收到意想不到的效果。

我做校长的时候，曾为学校维修人员的管理而苦恼。一方面，几千人的学校，需要维修的物品比比皆是；另一方面，维修人员却坐在办公室里无动于衷。最初，我们只是想办法加强师生与维修人员的沟通，如设立维修联系箱、"校内120"，以便让维修人员能够在最短的时间内掌握需要维修的信息。开始的时候也收到了一些效果，但时间长了，还是旧病复发，桌子上的维修报告并不能激发维修人员的工作热情。后来，随着学校人事制度的改革，维修人员的分配制度改革也被提上了议事日程。于是，我们想到了市场，如何在学校内部创造一个市场，成为我们思考问题、解决问题的立足点。首先，我们根据校产的新旧程度，将校产划分为一定的等级，把维修经费全部包干到班级和部门，并且规定，节余部分留作该班级、该部门的自主活动经费。然后，我们把维修人员的工资分为基础工资、工作量工资和业绩工资，后两部分工资完全靠维修人员自己去"寻找"，到各班级、各部门、校园的各个角落去发现自己的"工作量"，发现自己的"工作业绩"，说到底，也是去发现自己的"工资"。从那以后，校园里开始出现了让人感到有点儿新鲜的讨价还价：班主任，有时候是班干部，经常为维修一扇窗户的价钱与维修人员"斤斤计较"；维修工作完成后，又可以发现他们在为维修人员"签单"之前，总是忘不了验收维修的质量。维修人员把被服务部门签过字的单子交到财务处，就可以领到对应的工资。当然，一位维修人员如果仍然在办公室里按兵不动，那么他的工作量工资和业绩工资就只能是零。这样一来，维修人员再也坐不住了，他们不停地在学校里转悠，发现有谁的物品坏了，显得比主人还要着急；而学生、老师呢，也变得格外呵护身边的校产。这一切，在原来的机制下都是看不到的。

还有一个问题就是对校医的管理。如何既尊重校医的工作性质，又落实学生的中心地位，方便学生就医，过去也是让我们深感头疼的事情。在学校里工作的人都清楚，除了紧急病号，绝大多数学生就医常常是在课前课后，如果学生上课了校医才上班，学生刚放学校医也下班，那学生是很难见到校医的。可是，如果我们要求校医早出晚归，于情于理都不合适。怎么办？于是，我们首先改变了校医工作量和工作业绩的评价方式，除了一般工作任务和服务态度之外，我们将校医接诊的数量作为评价其工作的重要指标，也就是说，为师生服务的次数成为衡量其工作业绩的重要指标。然后，我们把安排作息时间的权利交给了校医自己，由他们根据自己的家庭情况和为师生服务的实际需要，制定各自的作息时间。于是，我们看到了许多过去不曾看到的景象：有的校医提前一两个小时来到学校，因为他家里没事，还因为他有早起的习惯；有的校医避开师生的就餐时间，提前到食堂里用餐，然后，利用吃饭的时间让师生就诊……这一切全是他们自发的行为。这就是市场这只"无形的手"在起作用。过去一些喊在嘴上的诸如"以学生为本"的口号，也在这只"手"底下变为了现实。

在大部分学校里，日常的考试命题其实也有潜在的管理危机。每到期中、期末，命题、审题工作常常被几个学科权威承包甚或垄断。不管一个人的素质有多好，觉悟有多高，一旦某一件事情非他莫属，他的责任心、压力感就必然大打折扣，不仅质量难保，说不定还会生出许多是非来。怎么打破这种状态？我们还是想到了市场。

我们先是在学校的信息中心建立了一个题库系统。任何一位教师都可以在任意时间为任意一个章节、单元命题，而所命题目能否进入这个题库系统，则要经过一个评审委员会评审，只有质量达到一定标准，才有资格进入这个题库。这就为每一位教师参与命题工作建立了一个公平的机制，为他们展示自己的才能搭建了一个平台，也可以说是打破了命题、审题的垄断状态。然后，选题、用题环节又是对命题、审题的无声的鉴定，同样储存在题库里的题目，哪些更多地被选题者提取，本身就是对命题质量的检验。通过对这些信息的整理、汇总，便可得出对命题者、评审者的评估结果，而这一结果，同时又成为我们聘任一定职级教师的依据。因为在我们的教师聘任方案里，要想被聘为骨干教师，就必须在命题、审题方面达到一定的水平，教师命题、审题的动力其实在很大程度上来自这里。一个看不见的市场，造就了许多看得见的高质高效的"试场"。

后来，我到教育行政部门工作，发现教师培训是人们关注的热点。一方面，教育行政部门忙里忙外，研究培训内容，设计培训方案，邀请培训专家，组织培训人员；另一方面，校长、教师却并不买账，他们希望得到的，教育行政部门没有组织，而教育行政部门正在组织的却往往和他们的需要相去甚远。后来，还是市场运作的方式帮助了我们。我们对教育行政部门在培训中的职能重新定位，把自己设定为全市教师培训市场的"老板"，制定了培训机构的设置标准，实施了培训机构准入制度，邀请全国的培训机构来潍坊竞标，让四家中标机构参与全市的教师培训。中标的培训机构每个学期都必须向全市教育系统公布他们的培训菜单，让每一所学校、每一位教师自主选择培训内容，只有被一定数量的教师选择的内容，才能够存活下来。四家培训机构各显神通，给教师培训市场带来了前所未有的活力。这样，培训机构在组合培训菜单的时候，就不再是坐在办公室里拍脑袋，而是进行大量的调查研究，许多校长、教师竟成为他们的"高级顾问"，新课程背景下要求培训工作"基于学校，基于教师"的理念也在这样一个市场背景下得到较好落实。

新课程背景下学校管理随想

课程在学校教育中处于核心地位，课程的变革应该是学校最重要的变革。这个变革给学校管理机制带来了什么冲击？给学校管理者带来了哪些思索？

造就一个充满选择的校园

在新的基础教育课程理念中，"面向全体学生"得到了前所未有的强调，"促进每一位学生的身心健康发展，满足每一位学生终身发展的需要"成为新一轮课程改革最重要的价值取向。然而，具体到一个校园里，有什么办法可以使学校真正做到面向每一位学生、关注每一位学生的成长？我想，造就一个充满选择的校园，让选择在"市场教育"中成为一只无形的手，可能是解决这一问题的良方。

让学生自主选层，走班上课。改革教学组织形式，打破大一统的班级授课制，在一些学科中实施以走班制为主要形式的分层次教学，让学生自主选择不同的层次、不同的班级走班上课，这可能是使我们的教学有可能面向每一位学生的有效途径。我们的教育已经开始强调尊重学生不同的生活经验，允许不同的学生有不同的成长方式。可是在传统的教学管理体制中，不一样的学生在同一个班级里，学一样的内容，做一样的练习，考一样的试题，我们怎么面向每一位学生？只有最大限度地尊重个体，才有可能真正面向全体。这已经很难在传统的教学组织形式下得到落实。我曾经在一所初中学校的三个年级六个学科进行过走班制的教改实验，高兴地看到，在自主选择的课堂里，学生身上充溢着高度的自信心和强烈的责任感。这说明有了选择才有了属于学生自己的起点，有了选择才有了动力，有了选择也就有了责任。

对教师来说，学生走班则带来现实的压力。在学生的选择面前，新型师生关系开始形成，调整教学关系成为老师们全新的课题。

破解"转班"难题。我们不少家长常常慨叹：转班为何比转学还难！毋庸讳言，我们大部分学校到现在还恪守一个不变的规矩："你可以转学，但不能转班。"为什么？一是怕教师难堪，班里的学生不时地转走，对教师是很大的刺激。可这个刺激可能会给教师带来什么呢？带给他的应该是自我反思。不要怕教师难堪，因为难堪过后会诞生一个全新的教师。再说，你在乎教师难堪，难道你就不在乎学生难受？第二个理由是怕一旦"开禁"，学生纷纷转班，学校的正常秩序难以维持。再说，我们要培养学生的适应能力，学生一有不适就转班，将来怎么适应社会？其实，这也无须担心，大量的事实已经证明，你尊重学生的选择，学生反而会理智地对待选择的机会，只要我们略加引导，学生远比我们想象的理智得多。让转班"开禁"，带给我们的将是管理上全新的理念。

让每位学生都拥有自己的导师。在新课程背景下，学生咨询制度将成为学校里一项重要的制度，导师制就是这项制度的一个重要保证。在实行导师制的学校里，每一位教师都应该在师生双向选择的前提下，带着数量不等的学生，就像大学老师带研究生一样，学生的开心和烦恼随时都可以与导师分享。谁来做自己的导师，每学期由学生自己选择、调换，有多少学生选择你，将成为衡量导师业绩的重要根据。当然，如果没有多少学生选择你，对不起，你在职称聘任中肯定会大大丢分。

辅导员要竞选。学校里当然也有行政班，但却没有像现在权力这么大的班主任，取代班主任的是没有多大权力的辅导员，班级活动的最终决定权全部交回到学生手里，辅导员只是参谋而已。谁做班级辅导员，也是学生选择。当然，老师们也会像竞选那样，以选票论英雄，谁票高谁当选。

在这个充满选择的校园里，可能不会像现在这样有我们校长和老师已经习惯了的井然有序，但却充满了孩子们喜欢的校园活力。提升教师素质不再靠校会上的号召，评价教学优劣也不再是评委计算分数，一切在选择中都变得自然而又有效。选择，成为"市场教育"中一只无形的手，呵护学生的心灵，提升教育水平。

中层部门要变脸

为什么我们学校的中层部门越来越多，说到底就是对上负责的机制使然。分工越来越细的中层部门，使上级主管部门和校长的工作变得方便起来，而对教师来说，多一个领导就多一个婆婆，多一个部门就多一分忙乱。教育最终靠的是教师，如果一种管理机制不能让一线的教师心气平和地工作，那么这种管理机制肯定不是有效的。

事实上，管理层次太多、太乱，已经影响到"以人为本"教育理念的落实和"全面发展"教育方针的实施，我们把综合的、面对活生生的人的教育肢解了。在德育处、教导处、科研处甚至体育卫生艺术处的"共同努力"下，班主任忙于应付来自各个部门的指令，学生变得越来越无所适从。

我们的德育处在直接管理、教育他们甚至都不认识的学生，这种管理和教育，说白了就是发现学生的"劣迹"，并把它公之于众，为班主任的批评、处罚火上浇油。有些学校的德育处又叫学生处，可学生处偏偏不是学生的天地，反而是专门整治学生的场所。而德育处的老师，常常被学生私下里称为"克格勃"。德育处也经常搞一些很大的场面，对学生进行这样那样的教育，他们往往过于相信说教的力量。其实，在新的课程目标下，情感、态度和价值观的培养更应该走进课堂。

教导处是干什么的？检查教师的备课情况，编排、调整课表，组织考务，统计学生的分数和教师的成绩。如果还有时间，教导主任有时也听课，但大都是从研究教学方法的角度去听课，从课程的角度研究教育教学的太少了。在我们的一些学校里，甚至教学进度都可以由学科组决定，至于课程的管理、开发，就更没有人去思考了。教导处早已成为名副其实的事务处，教导主任则已经成了事务长。

在新课程背景下的学校里，不应该再有总务处、校长办公室，更不应该有德育处和体育卫生艺术处，甚至连教导处也不是必要的。取而代之的是专门研究学校中心工作的课程部。课程部将成为学校教育教学职能部门的主体，课程的管理、研究与开发是它首要的任务。怎么把国家课程、地方课程和学校课程融为一体，最终形成独具特色的校本课程，决定着一所学校能否富有个性、充满活力。

建设学生喜欢的课程，塑造学生热爱的校园，把学校变为学生向往的乐园，管理也许就会变得不像我们认为的那样难。

如果有必要，可以再设一个资源部，靠它来建设一个没有仓库的学校。

建设没有仓库的学校

没有仓库的学校是一种理想，它其实是想告诉人们，学校里不应该有库存起来的资源，要让本来放在仓库里的东西，全部成为服务于教育教学的资源，让校园里的每个人都成为"红管家"，让总务处成为教育资源开发商。

这个资源开发商，大概就相当于现在一些学校的总务处和办公室，姑且就叫资源部吧。之所以起这样一个名字，并不是别出心裁或者标新立异，而是为了让大家转变观念，对资源部的职责有一个明确的定位。它就是要有效开发和利用学校各个方面资源的，它要把学校能够利用的资源全部用起来，为教学、为学生服务。办公室一般都管着一部或者几部校车，可这些车主要是用来干什么的？它是为教师、学生服务的，还是用于别的？我们的总务处只要把物资管好了，堵住了"跑、冒、滴、漏"，往往就被认定为"红管家"。细想一下，这样的职能，与我们学校的中心工作实在是南辕北辙。还有，我们投巨资开发的校园管理平台，到底首先应该属于谁？从我们过去的情况看，大家最早做起来的是校长管理系统，后来是教师备课系统，就是没有学生的天地，这和我们不少学校贴在墙上的办学理想相去甚远。

有了这个资源部，我们就可以做很多事：把原本专门接待领导和外宾的接待室变成家长活动室，把不开会就大门紧闭的会议室变成教师评课室和教师阅览室。

资源部的第一步工作应该是拨乱反正，把原来规定学生不能去的禁区，变成学生可以随便去的场所；把校园里学生高不可攀的变成随手可及的；把图书馆变成学生的自修楼；在实验楼里甚至可以设一些开放式实验室。我们许多校舍建筑的布局并不合理，仪器室、准备室、实验室相对分离，学生可以进哪一间房子有明确规定，我们要培养学生自主探究和动手实践的能力，这样的建筑布局明显与之相悖。

资源部还应该研究如何提升校长的工作效率。它可以研究哪些工作是校长可以做的，哪些工作则不应该浪费管理者的精力和时间，怎么调配学校的资源以最大限度地节约被管理者的时间。

资源部还应该研究学校资金的流向比例，看到底有哪些资金是真的用在了教学上。我们不能容忍的是，我们一些学校为订一份学生报刊而斟酌再三，而招待客人却毫不犹豫地摆水果上香烟。

需要说明的是，课程部也好，资源部也罢，它们都没有多大的权力，对教师都不能构成多大的制约，这也是把"处"变脸为"部"的一个原因。

建设民主的课堂

在课堂教学中，有一个不被大家留意却又不可小视的规矩，那就是上课发言时的"举手"和"起立"。从小学到大学，这个看起来如此天经地义、不容置疑的规矩，在我们的课堂上到底扮演着怎样的角色？

"举手""起立"才能发言，肯定有它的道理，但这个道理肯定是从教师的角度来说的。有利于教师控制课堂教学的秩序，不至于让学生轻易打乱课堂教学进程，可能就是这个道理的核心。可是，今天站在新课程的视角来审视，我们会发现，老师设置的关卡越多，越会削减学生发言的动力。我们不是常常慨叹学生张不开口吗？为什么不给他们松绑呢？笔者曾经做过一次学生课堂发言情况的对比实验，结果发现，在同一学科、同一内容的教学中，要求学生举手才可以发言与无须征得老师同意随便什么时候都可以发言相比，后者发言数量是前者的2.3倍。当然，我们看重的不应该仅是发言的数量，还应包括发言的质量，这个质量不是看发言能不能招来听课者的喝彩，不是看几个学生表演得多么精彩，而是看它有没有真实地反映学生的思维水平，把一个个真实的学生暴露在课堂上，使教学能够有一个实际意义的起点。

这样看来，有了这样一个"举手""起立"才能发言的规矩，才保证了教师的中心地位，才有利于课堂教学的进程自始至终按照教师预先设定的思路进行。它足以使课堂教学不受学生思维的随意"干扰"，对学生的活动当理则理、当用则用，不当理、不当用时教师则完全可以置之不理，把教案上早就编好的剧情演完了事。

一个小小的规矩，居然有如此之功效，难怪我们都不约而同地把这个传家宝保留下来，又毫不迟疑地把它用在了新课程的教学中。

如果我们要创建一个民主的校园，培养学生的民主意识，发现课堂上真实的问题，就应该从改变这个不起眼儿的规矩开始。

评价，是换方法还是换思维

在学校管理中，我们无法回避评价 —— 对学生的评价、对教师的评价、对课堂教学的评价……

我们对评价方法做了许多改革，但万变不离其宗，我们并没有跳出传统的思维。单一、平面的思维方式，影响了我们评价的客观性、多元化。对教师的评价，不同的学校有不同的探索，但大都在学生考试成绩的分数、系数、百分数上做文章。其实，当我们把选择的权利交给学生的时候，评价不就寓于其中了吗？

我们也让学生评价教师，但问卷调查的量表，也就是好教师的标准，是怎么产生的呢？实际上，这些标准大多是在校长室里产生的。校长眼里的好教师与学生眼里的好教师常常相去甚远。我曾经做过一次对比调查，让一部分校长和一部分学生共同设计有关教师评价的问卷调查量表，结果发现，在他们看重的前五项指标中，有四项是不同的。既然教师是学生的老师，我们有什么理由不把评价教师的权利还给学生？

还有一个就是好课的标准。过去，我们评价一堂课，常常注重的是课堂上教师为学生解决了多少问题。如果教师把课堂上提出的问题都解决了，我们就说这是一堂好课。可是，在新课程理念下，我们想一想，如果我们的学生走出课堂、踏上社会，脑袋里都没问题了，我们这个民族还怎么创新？

还有，在新课程背景下，情感、态度和价值观成为新的课程目标的一部分，怎么完成这一目标？教育只能用情感塑造情感，用态度影响态度，没有教师的幸福感，又哪来学生的幸福感？怎么使教师在校园里有幸福感？谁给教师幸福感？因此，让学校成为教师的精神家园，就变得现实而又迫切。评价一所学校，还要看教师的幸福感，这是我们过去没有想过而现在要认真思考的问题。

让产业意识进校园

时下，大家常常喜欢说用运作产业的方式运作教育。在有些人眼里，产业似乎仅仅是和钱联系在一起的。其实，我们更应该明白，产业有一个重要的性质，就是市场意识和服务理念。怎么让市场意识和服务理念进校园？怎么让家长、学生真正成为学校的主人？如果我们希望家长对学校的管理工作具有发言权，就应该研究一种机制，使教师在乎孩子们的需要，关注每一个孩子的成长。学校不仅应该有一个有发言权的家长委员会，更重要的是，在学校的各种委员会里，在学校管理的各个环节上，都要有足够数量的家长参与，而且他们应该享有较高地位。社区的参与将是教育改革中一个崭新的课题。在阳光下办学，为纳税人教书，学校管理者将面临新的挑战。

说了这么多，其实，我们的目标很简单，就是把学校办成孩子们向往的乐园。

让资源流向哪里

不同寻常用人才

松下幸之助在《经营人生的智慧》一书中说，世界上没有任何东西，是没有一点儿用处的。我们认为它无用，只是因为我们还不知道活用它的方法而已。黄金这东西，对小猫来说是一点儿用也没有的废物，然而对熟知如何使用它的人类来说，乃是宝贝。用人更是如此。

一般来说，一个人还是自己最了解自己，有什么特长，干什么最合适，自己对自己还是比较清楚的。所以，我们的教师聘任制度确立的一个基本原则就是双向选择，各个中层部门有聘任和不聘任的权利，教师也有选择和不选择的权利。这样一来，每位教师在填报志愿的时候都注意扬长避短，基本都找到了适合自己发挥聪明才智的岗位。在这样一个合理的体制下，既做到了人才资源的合理配置，又不需要校长浪费太多精力去寻找放错了位置的财富。

随着课程体系的完善，特别是选修课、活动课的开设，师资成了制约课程建设的瓶颈。校内已经没有办法解决了，我们只好把眼睛转向了校外。

有一位从事木雕的老艺人，他所开的雕刻厂因亏损而倒闭，他也因此下岗多年而无所事事。

有一位布鞋厂的工人，在车间里很不受欢迎，因为他的工序上老出次品，影响了全车间的效益。可人们却不知道他辉煌的历史：他曾是全市少年乒乓球赛冠军和市民乐队的首席。

还有一位曾经在海军舰队当过日语翻译的老军官，返乡安度晚年，全村几乎没人知道他懂日语。

这些人后来都成了我们学校选修课和活动课的重要师资，而且培养出了大量优秀的学生。再后来，我们成立了一个学生校外导师团，把市内很多杰出的人才集中起来。很多在社会上被认为"没有用"的人，在学校里却成了宝贵的财富。

世上没有垃圾，只有放错了位置的财富。一个聪明领导者的重要任务，就是去寻找那些放错了位置的财富。

在一个团队中，人们的素质、水平、能力、才华总是存在差异。一个领导者应当有一双敏锐的眼睛，善于发现和使用一些特别能吃苦、特别能"战斗"的人，给他们定目标、压担子，有意识地锻炼他们、培养他们。这也就是我们常说的"响鼓重槌敲"。

比如，一个很好的班级，如果有一个学科的教师水平欠佳，那么尽管其他学科都是好教师，但这个班级总的教学成绩肯定不行。不仅总分要降低，就是班级的日常学习气氛也会受到很大影响。一个很好的年级，大部分班主任顶呱呱，但只要有一个班总是出毛病，这个年级就好不到哪里去。

当校长的都有切身体会，一到学年转换时，总是缺人，缺能够当"台柱子"的骨干。每年都在扩大规模的学校的校长可能体会更深。30个班级，当得了班主任的，挑来挑去，总是缺那么三五个；

能教毕业班的，掂来掂去，也往往不够数。勉强安排了，心里也不踏实，到时候找你麻烦的，也常常是他们。所以，人们总是习惯于在学校管理中重复"木桶理论"。

有一年，一位班主任外出参加培训。由于他带的班班风不好，一般的老师都不敢接手给他带班。我们只好请一位给这个班上课，同时担任另一个班班主任的老师来带这个叫学校放心不下的班级。两个星期后，当那位外出参加培训的老师回来要接班的时候，这个班的班干部送给我一封签满全班同学名字的信，信中"强烈"要求校长把临时帮忙带班的班主任"留"下。

作为校长，我显然不能对这样一封充满火药味的学生签名信无动于衷、置之不理，我知道这封信的分量。于是反复思量，权衡利弊，我们最终下定决心满足了学生的要求，因为这也符合我们学校的办学原则——"以学生为中心"。从此，我们学校就有了一个人担任两个班班主任的先例。

很快，大家发现，这位老师把原来这个几乎叫老师们丧失信心的班级带得非常出色。他带的两个班并驾齐驱，似乎向人们证明着什么。当然，学校也不失时机地给这位老师配上了助手，给了他带徒弟的任务。几年下来，他也真的带出了一支优秀的班主任队伍，为学校的发展做出了卓越的贡献。在一般人看来，这似乎不大可能，一个人带好一个班就非常不错了，再让他带一个，怎么能行呢？但事实明明摆在那里，毋庸置疑。对"响鼓"，用一般的槌子敲是不行的，只有"重槌敲"，"响鼓"才更响。

后来，我们学校就出现了这样有趣的现象：副校长同时是图书馆馆长，教科处主任同时是班主任或一个学科的教研室主任，至于一位教师担任两个班班主任，已经算不上什么新闻了。而且，那些曾担任过两个班班主任且成绩非常突出的教师，其中好几位已在本校或其他高中担任副校长、校长的职务了。

避免"成功式失败"

我有一位朋友，在业务上很有才华，是全市的教学能手，其教学质量在全市一直处于非常突出的位置。按照学校的结构工资制度，他的工资在全校一直是比较高的。但我知道他的管理"才能"，因为他做班主任的时候，曾经把一个班带得一团糟。

后来，因为看到比他资历浅得多的同事、比他业务差得远的同学都当上了学校的中层干部，甚至校级干部，他有点儿心理不平衡，于是找我，想谋个一官半职。我劝他不要勉为其难。第一年，他想通了；第二年，他不再找我，而是调到了另一所学校，而且实现了他的理想，做了那所学校的教导主任。

不出我所料，很快他就被工作搅得焦头烂额，天天缠绕着他的只有苦恼和无奈。他又想起了我对他的规劝。有一天他找到我，谈了自己内心的矛盾：继续干下去吧，实在是力不从心，一天天地生活在不安中，精神上是一种煎熬，而且离开了课堂，业务上是一种荒废；不干吧，又怕别人笑话。真是左右为难，不知如何是好。

我想起了当代最杰出的管理大师彼得·圣吉说的一句话。他说，当一位员工晋升到他不能胜任的阶层时，没有什么事情比这种成功更失败的了。我想，我的这位朋友也许就是彼得·圣吉所说的那种"成功式失败"的人。可是怎么让他从那个教导主任的位置上光彩地退下来，干他应该干的工作，过他应该过的生活，这可不是一件容易的事，因为他已经被我们习惯了的一种所谓的成功文化所包围。

我们目前的管理体制是一种层级式的管理体制。正如劳伦斯·彼得所说，在层级式管理体制中，一个人最终将晋升到他不能胜任的职位。这是一种可悲的体制，也是一种可悲的文化。明智的管理者应当打破"彼得原理"，树立科学的用人观。很明显，对像我朋友这样的人，你可以多发奖金，但不能委任官职。权位应给予那些具有相应管理才能的人。一个并不长于管理的专业人才，为什么非要让他往行政岗位上挤？世上没有比做自己力所不能及的事更折磨人的了。

我的朋友又一次来找我的时候，我已经到高密市教委工作。这时我思考的不再仅仅是怎么解放我这位朋友，而是怎么改变用人机制，使那些在学术上突出而在管理上并不出色的优秀教师不再重蹈覆辙。

牛同马去赛跑，当然是牛输了，但牛的失败并不证明牛的无能，反倒证明让牛和马去赛跑的人的无知。于是，在那一年，我们在全市实施了学科带头人、市内特级教师和特聘教师制度，使那些在学术上有成就的教师不再仅仅从管理岗位上找出路，而是把适合自己的道路拓得更宽。后来，我们又设立了重大课题主持人、人民教育勋章、市政府教育顾问等更加重要的称号，使一些人在不需要走上管理岗位的前提下，能够扬长避短地得到提升，从而避免"成功式失败"。

比尔·盖茨说，管理的艺术就是在不使人们变成经理的前提下提升他们。这句很普通的话，也许是用人策略上一句十分重要的箴言。

从总务处的定位说开去

多少年了，我们对总务处的职责定位一直没有太多改变。长期以来，我们心目中的总务处就是一个"红管家"的角色。把学校的物资管理得井井有条，把学校的资源保存得完好无损，这就够了，这就是一个好的总务处。

如果是这样，我们就没有多少理由要求他们在服务教学、服务学生上有更多思考。把教具放在师生手上容易损坏，而将其锁在仓库里则是不错的选择；频繁地把教学物资借进借出显然不如按兵不动来得保险，何必为了"折腾出问题"而不停地忙活？

当我们还没有把学校的物资当作教育资源来认识的时候，物资本身就显得和学生一样重要。总务处的保管员们之所以一直在意识里认为他们与教师是平起平坐的关系，是因为他们始终认为，你们管理好学生，我们管理好物资，我们是并行的。殊不知，管理好物资的衡量标准，应该是急教学之需，是物资最大限度地为学生所用。

我到英国的伊顿公学访问时，就曾见识过伊顿人的眼光。主人把我们带到学校图书馆的时候，首先带我们参观的竟然是几个装满了破旧图书的书架，那上面放的是被历届学生看破了的图书。他们非常自豪地宣称：伊顿的学生是多么勤奋，这些书都已经被翻破了！这是他们的骄傲！当这种自豪和骄傲转化为学校文化的时候，资源的真正价值自然就会得到人们的认同。

在一次规范化学校的验收活动中，一位校长向我诉苦说，验收组对他们的评判不公平：因为学校把所有的篮球、排球、乒乓球全部借给了学生，也因为学校把仓库里的二胡、板胡、小提琴全部放进了教室，验收组评定学校管理不善，并要求他们限期整改。校长苦笑着说："难道把这些学生喜欢的家什全部锁进仓库里就算是管理规范了？难道要固守那些学生并不喜欢的规范吗？"其实，规范不规范，完全源于对规范标准的理解，站在不同的角度考察，用不同的尺度衡量，就会有完全不同的评判，这也正是伊顿的主人与我们所看重的迥然不同的原因。

我曾经参观过不同国家的几十所中小学，竟没见过一所学校有专门的藏书室。学校所有的图书，不管是孤本、珍本还是善本，全部都摆放在学生随手可及的阅览室里。校长们共同的理由就是"学校图书馆没有藏书的任务，藏书的任务归国家图书馆"。买来的书，全是应该给学生看的；学生不需要的，无论多么珍贵，也不要花冤枉钱收藏。如此而已！

一位朋友告诉我，他曾去一家特大型国有企业做报告，当时，"非典"已经过去，厂里却搞起了抗击"非典"的大型展览，介绍的全是领导如何重视、措施如何得力之类。令他不解的是，一个应该以营利为最高追求的钢铁厂，竟腾出四千多平方米的展厅，从一线选出42位俊男靓女作为解说员，全天候地侍候着前来参观、考察的寥寥几位领导。最后，朋友终于明白了，是评价标准搅乱了企业的定位。

在评价标准不合理的体制下，企业是赢利还是亏损，与企业领导的年薪、升迁没有多大关系，反而是一些凑热闹、赶时髦、出风头的事情常常决定着企业领导人的命运。可见，如果我们不在制约企业定位的体制上开刀，就不可能让企业领导人把精力用到当用的地方。

在新一轮的课程改革中，能否以学校为本、基于学校实际解决问题决定着改革的进程与改革的质量，其中，如何调整学校与教育行政部门以及直属单位的关系，成为改革的关键。现在的问题是，一些该管的事，总是找不到该管的单位；而完全可以由学校独立去做的事，却常常冒出许多既"主动"又"积极"的部门插手。我们赋予了一些部门太多权力，它们可以随意对学校指手划脚，却并不承担指手划脚带来的后果；它们给学校戴了太多镣铐，却希望学校能够跳起迷人的舞蹈。为什么会这样？体制上没有解决好各自的定位使然。我们设置了过多专门吃学校这块"唐僧肉"的部门，它们的职能说穿了就是从学校身上"啃几口"。一天天地应付着太多来自上面的东西，很容易使学校迷失自我。

我们无法埋怨这些还没有找到新的定位的部门，更无法埋怨那些无可奈何的学校，还是应该从制度的重建开始，让它们寻找各自应有的位置。

降低管理成本

学校门前有一家理发店，店主是个极认真的人。由于我是这家店的老主顾，所以，碰到我去理发时，店主总是亲自下手，而且每次都要精益求精，多用去十几分钟甚至二十分钟的时间。在他看来，这是对我的一种照顾，而我则觉得这是一种浪费，浪费他的时间不说，也浪费了我的时间。终于有一次，我跟他讲明了这个意思。他有些吃惊，不能够理解。我告诉他，在我们这个视时间为金钱的时代，最好的服务应当是用最少的时间达到最好的效果。

我有这样的理解，完全是由于我工作的原因。我是教师出身，在课堂上，时间都是以分秒来计算的，你要完成教学任务，你就必须在乎时间。后来当了校长，经常听一些同行在工作调度会上汇报工作，说学校开了几个办公会、几个支部会、几个党员会、几个教师会、几个班主任会，等等。我就纳闷儿，一位教师如果既是党员，又是班主任，或者再当个小干部，面对这么多的会议，他拿什么时间来研究自己的教学呢？

办什么事都要考虑成本与效益，开会也不应该例外。日本太阳公司为了提高开会的效率，实行会议成本分析制度，每次开会时，总是把一个醒目的会议成本分析表贴在黑板上。成本的算法是：会议成本=每小时平均工资的3倍×2×开会人数×会议时间(小时)。公式中每小时平均工资之所以乘3，是因为劳动产值高于平均工资；乘2是因为参加会议要中断经常性工作，损失要以2倍来计算。因此，参加会议的人越多，成本越高。有了成本分析，大家开会的态度就会慎重，会议效果也十分明显。

在所有的管理措施中，开大会大概算得上是吃力不讨好而又最没效益的事了。我在做校长期间，每年只开两次全校性大会，一次是毕业典礼，另一次就是教师的全员聘任大会，其余时间任何人都不得集合召开全校性的会议。除此之外，我还在学校里推行无会议月、无会议周等活动，防止部门会议泛滥。

有些人可能担心，会议少了，会不会造成学校内部的信息闭塞和指挥不畅呢？这就需要我们出台一些配套措施。比如，我们学校办公室就专门编了一个《学校工作周报》，把一周内学校里发生的事或下一步的工作计划，全印出来并在校园网上公布，通告全校，使人人皆知。一段时间的工作落实得如何，有一个《学校工作落实情况备忘录》，各部门对照一下，自查自纠，也就够了。谁出了毛病，办公室找谁去，还用得着因为几个人的事，把大家都召集起来吗？

还有些事非常小，但对被管理者来说都非常实在。譬如，放学时间，2000多名学生一块儿出校门，需要15分钟，把放学时间调开，不同的年级不同的时间，大家轻轻松松5分钟就可以走出校门。教师呢，除了值班的以外，其他人都可以赶在学生大队人马前面走。早走5分钟，节约半小时，老师们早回家，早做饭，早休息，腾出了时间和精力，有何不好？

节约被管理者的时间当然也同时节约了领导干部的时间。我刚开始做校长的时候，每周都有一个行政办公会。后来，不断地减少，经过几年的努力，终于做到了四周开一个办公会。我觉得这既是对被管理者时间的尊重，也是自己管理水平提高的一个证明。当然，会议议题的征集就成了办公室的一个日常任务。他们要对会议的内容认真筛选，有时候要几个回合才能完成。

成功而有效的管理，应该最大限度地节约被管理者的时间。只有这样，被管理者才有可能真正成为自己的主人。

降低管理成本还有更宽泛的内容。在我们学校，每完成一件事情，都必须写一个"工作后鉴"。在这个"后鉴"里，经验是无须多说的，教训则必须找足，而且要把这个"工作后鉴"印发给全校教职工，让大家都能从中学到一些什么。比如，考场编排不应考虑学生成绩的高低，以免给学生心理带来负面效应；文化艺术节的市场化运作应避免社会利益驱动；评教应以正面评价为主等。这些都是将学校"工作后鉴"印发给全校教职工后产生的正面效应。同一个人一般不可能再次掉到同一个泥坑里，但其他人，甚至更多人却可能掉到同一个泥坑里。这个学校"工作后鉴"就是为了最大限度地避免教师掉到同一个泥坑里，犯同样的错误，从而避免运行成本的增加。

要教师写"教学后记"本来是大部分学校常用的办法，这个"后记"一般是教师在教完课后，自己写给自己看的。我们想，仅仅写给自己看，投入产出比例失调，应该让更多人从中受益。于是，我们对老师们的"教学后记"加以挑选，汇总后印发，每学期还要老师们评选出给自己启发最大的"教学后记"。一个人的"后记"给了许多人启示，效益自然是传统办法不能比拟的。提高了效益，其实就是降低了成本，这个账还是非常值得算一下的。实行多媒体电脑备课之后，不少老师在自己的电脑上加了密码，这样保密性是好了，但却造成了相互间的封闭。我们在充分征求老师们意见的基础上，规范了电脑使用办法，只允许在个别文件包上加密，能够共享的资源要最大限度地共享。一个人投入精力，大家都来分享，成本不就降低了吗？

还有一些小事，我们也十分计较管理成本。比如，外出参观、考察、学习，必须凭相应报告才能报销差旅费。你自己学习了，受益面太小，只有把你的学习成果转化为全体教职工的生产力，我们才认为参加这个活动是"合算"的。况且，你有写相关报告的任务，学习起来一般就特别认真。你考察了一遍又写一遍，这本身就是重新整理、重新思考的绝好机会。许多学校对教师外出买书的数量是加以限制的，不仅买多少有限制，买什么也限制得很明确，生怕老师们多花了钱，而我们学校教师外出必须为图书馆买书，这是一条特殊职责。一年下来，要对教师为图书馆买书的情况进行汇总，谁买的书借阅率高，谁的贡献就大。我在做校长期间，出差时买的书就足足可以摆满一个阅览室。这样省去图书馆的老师外出不说，单从所买书的质量考虑，就和图书馆老师们买的不一样，这样买来的书往往都是老师们特别需要的，借阅率也特别高。

再一个就是教科研工作。我们比较喜欢给大学当实验基地，为教科研部门承担实验课题，这样可以花最少的钱构建自己的智力库，实现低成本提升。有人认为，这样做是为他人作嫁衣裳，出了成果是人家的，而我们则始终坚持不要成果，只要收益。你派专家指导我，你给我智慧，提升了我们的教师素质，表面上是种别人的地，实际上汗水却洒在自己的田里，这是再合算不过的了。至于名声嘛，比起实际收益来，就太微不足道了。或者说，你有了收益，还会没有声誉吗？

在我们的工作中，还经常发生这样一些事情：一个文件仅仅晚处理了几个小时，造成的损失却没有办法弥补。什么事情谁来处理、什么时间处理、怎么处理，这些都是直接影响效率、关系质量的大事。文件处理往往牵一发而动全身，要提高工作效率，就不能不在文件处理上十分慎重。所以，在我们各位校长和中层管理人员的办公桌上，文件传阅夹的颜色是不同的：红色的代表特急，必须即时处理；绿色的需要认真研究，必须提出比较详细的意见，可在一周内批阅；灰色的则是一般性文件，一般要在三天内处理。

我们学校还有一个规定：遇上雨雪天气是不允许怀有身孕的女教师上班的。这既是对教师的爱护，也是出于降低管理成本的考虑。天气不好，路面湿滑，万一有个三长两短，教师本人痛苦，家庭不幸，学校也要在人力、物力、财力上全力以赴地提供帮助。还有，由于缺课而造成的损失更是学校非常看重的。天气恶劣，怀孕的教师一天半天不上班，表面上缺了课，实际上她们往往会千方百计弥补，把损失降到最低限度，学校完全可以放心。

让资源流向哪里

曾经看过一家晚报的报道，说是一个省会城市下决心要兴建全国最大的火车站。本来这是一件很好的事情，可是，看完通篇报道才明白过来，原来，他们对"最大的火车站"的理解，只不过是要把候车室建到可供两万人同时候车而已。我为此颇感困惑：火车站到底是干什么的？如果仅仅满足于让旅客滞留在候车室里，这样的"最大"还是不要为好！

仔细想来，把钱花错地方的做法，也经常发生在一些校园里。参加一所新建高职学院评估的时候，我们很为当地政府的高标准规划、高起点建设所感动：占用上千亩土地、十几万平方米的建筑，竟在几个月内一气呵成；仅行政办公大楼的外挂石料墙面，每平方米造价就高达400元；10000平方米的地下车库，更是气势恢宏。可是，当我们考察图书馆藏书的时候，却惊奇地发现，偌大一个图书馆里，2000年以后出版的图书竟不足千册！其实，办公楼的外挂石料墙面完全可以由每平方米400元降到40元，投资过千万的地下车库等校园里确实停不下车的时候再建也并不为迟，而图书馆能不能成为学生向往的地方，却是迫在眉睫的事情。

同样的事情还发生在新课改实验区的一所小学里。学校不过有

1000名学生，一年的杂费收入不过6万元。可是，校园里却摆着21个不锈钢牌匾，牌匾里装裱着一些诸如领导视察、校长开会、教师备课等类型的图片。我不知道这些东西对学生有什么价值，只是通过在场的管理人员知道，21个牌匾的价钱是16000多元。一年6万元的杂费收入，就能拿出这个数目的钱来做牌匾，我一点儿也不敬佩这样的胆识和勇气。更叫我们泄气的是，全校有60多位教师，竟没有订一份教育方面的报刊；摆放着色彩斑斓的沙发、奇形怪状的桌椅的阅览室里，却只有100多本图书；10亩地的校园，校舍相当紧张，但是四楼却尘封着一个100多平方米的校史展室；校园里有3个篮球架，但都是成年人用的篮球架，小学低年级学生只能望"篮"兴叹……看完这所学校，我不由得想：我们到底怎么了？大家整天抱怨经费紧张、资源奇缺，可对手头上的资源我们到底怎么利用才好？

到一些国家考察学校，尽管几次都是以国家教育代表团的身份前往，但同行的接待规格却始终"档次不高"：听他们介绍情况，不是站在门厅里，就是随随便便坐在阅览室里临时搬来的椅子上。他们的学校里没有接待室，没有会议室，甚至没有教师餐厅。接待外宾用餐，通常也是在学生餐厅里，即使要特别提高一下"规格"，也不过是在阅览室里，在阅览桌上搭上一块桌布而已。学生用餐也常常因为餐厅太小而被分为几拨错时就餐。而且，用餐完毕，把餐厅里的桌椅往四周一推，中间又变成了学生跳舞或者传球的地方。有些学校的电脑并不比我们一些学校多，但他们却不是将之放在学生轻易去不了的电脑房里，而是放到学生随手可及的地方，每一间教室、每一处走廊，甚至餐厅、体育馆里都非常自然地摆放着几台电脑。他们的目的非常明确，就是让教育资源得到最大限度的利用。

这样说来，似乎他们在教育资源的投入上，很有点儿抠门，其实，在这些学校里走一走，你就会发现，他们是把钱花在学生最需要的地方了。为了强化对班上有学习障碍的学生的教育，他们可以花重金为每个班多聘一位辅助教师；为了某位学生的吉他爱好，他们不惜代价雇用一名兼职的员工；为了一帮爱好橄榄球的孩子，他们可以找到市长申请一笔资金，在学校附近修一个偌大的球场；教师需要培训了，他们可以专门从哈佛、耶鲁这样的名校请专家奉陪……他们的"抠门小气"和他们的出手大方，常常会出乎我们的意料，仔细想来，却又不得不佩服他们的睿智，显然，他们是把钱用在了最该用的地方。

曾经考察过一家柴油机厂的新园区，很为建设者的自信所折服，他们敢于建造42万平方米的车间，但却极其"吝啬"地只建了1万平方米的成品仓库。主人告诉我们，他们不会把更多钱用于建设仓库，因为他们已经把钱用在提高营销人员素质、打造销售网络、完善售后服务上了。更重要的是，他们投入更多资金，把功夫用在了产品质量的锻造上。所以，企业规定，产品下线后放在仓库里不得超过24个小时。他们竟然真的做到了。资源的投放战略决定了他们的成功。

到日本乘坐新干线，你才明白为什么主人竟然在车到之前五分钟才把你送到站台上，因为四通八达的出入通道，使日本人没有进候车室的习惯。日本人把建造候车室的钱用在建设站台和通道上了，因为让旅客以最快的速度、用最少的时间坐到车上，才是火车站的追求。那种把旅客圈在候车室里，设置道道关卡，直到火车进站时才把旅客放到站台上的做法，不仅给旅客带来了不便，也给自己制造了麻烦。浪费了财力不说，人力浪费得更多。

学校投放资源的着眼点，就是看资源与学生的联系。如果有一架天平，天平的一头肯定是学生的需要。当我们根据学生的需要投放资源的时候，资源才有可能发挥出应有的效益。

项目管理：让教育资源流动起来

　　长期以来，机关工作的领导分工负责制，使人们各司其职、各负其责、各尽其力，职、责、权明确而统一。但这种管理体制是建立在班子成员间互相信任、互相支持、互相谅解、互相补充的基础上的，包括互相帮助克服缺点和错误。

　　在不少单位的经验介绍材料中，常出现这样一些描述领导分工负责制的华丽语句：工作上分，目标上合；职责上分，思想上合；制度上分，情感上合。我认为，**此种描述对多数单位来说只能是一种理想，或者追求的目标而已**。如果我们费尽九牛二虎之力仍难以把理想变为现实，那就有必要想些别的办法。领导分工负责制的经验很多，但它在现实中带来的弊端也让人颇有感触。这种分工有余、统筹不足的管理模式，不是解决所有问题的灵丹妙药。而项目管理，正是基于这样的思考，将工程管理中的管理模式嫁接而来的一种辅助的管理方法。

　　项目管理仍然是在领导分工负责制的大背景下进行的，解决的主要是超越一位领导分工范围或各领导的分工范围都无法完全涵盖的一些工作的管理问题。在领导分工负责制的管理文化里，大家最忌讳的是"越权"。于是，在你不"越权"、我不"越位"的默契下，那些需要不同分管领导合力解决的问题被无休止地拖下去，没问题被拖得有了问题，小问题被拖成了大问题。若发现大事不好，到了众人瞩目、必须解决时，就只能由主要负责人越俎代庖了。这样一来，主要领导的战略思考越来越少，事务主义在所难免。这显然不是我们所崇尚的管理。

项目管理是把那些由不同部门分管的工作整合起来，变成一个个项目，采取项目组长负责制，责、权、利结合，决策、执行、评估分开。从规划立项、组织实施到目标评估，环环相扣，方向、目标明确，工作有始有终。项目一旦确定，则由项目组长招兵买马，谁能参与其中、谁能担当什么角色，实际是对每个人综合素质的权衡。可以说每一个项目都是一次机遇，命运掌握在自己手里。成员工作量权重的大小，取决于他在项目中的贡献，并以此衡量他在这个项目中的工作业绩。

项目管理的第一步是项目的规划立项。这一步的关键是把握好两种关系。一是项目与正常分工的关系。在一位分管领导手上可以解决的事情，不列为项目，以避免与常规工作冲突，也防止出现事事变为项目或没有项目不工作的倾向。二是重要性与可行性的关系。有些事情非常重要，也必须整合各方力量通过项目解决，但不好操作或不可行，也不宜立项管理。因为任何管理都有个适合不适合的问题，项目管理也不例外。将周期太长、目标太大、结果不宜评估的工作列入项目，就是自套枷锁。

在教育行政部门，哪些工作可能被立项管理？我想，教育质量的管理可以算一项，因为它是一个系统工程，没有各个业务科室的通力协作，是不会有效益的。一个时期的市区教育协调发展可以列为一个项目，因为这里不仅有基础教育、职业教育和高等教育，还有民办教育、社区教育等；不仅有管理的问题，还有布局调整、财政投入、督导评估等一系列问题。一些小的项目也是有意义的。如我们正在进行的"安全管理百校行"活动，从各个部门抽一批精兵强将，组成几个团队，深入基层学校去发现安全管理正反面的典型，最后编辑一套专题片作为教育干部的警示教材。还要实行目标考核，评判质量高低，以衡量每个团队的工作业绩。实行项目管理前，这种事往往没人愿意干，没目标，没考核，干与不干一个样，甚至时过境迁，连谁干过、谁没干过都无人知晓。

这些事情看上去虽是小事，但我们的大部分工作都是由这样一些小事组成的，忽略了这些事情的处理，追求卓越的目标就不可能实现。

当然，项目和项目是有差别的，我们一般根据轻重缓急将项目分为几种类型。工作量的确定、项目组人员的多少、行政资源的配置，要据此确定。这样分类，就比较容易对项目实行评估和考核。

组织实施的过程是破解难题的过程，即使立项，问题解决起来也不会一蹴而就。项目组长从各科室或有关单位招兵买马，这个过程是对每位员工的检阅。这样一个简单的调整产生了内在的压力，大家从一人管一块、各扫门前雪的体制中走出来，面对的是能不能被新的项目组选择，一旦被选择有没有能力干好的问题。应该说，压力分散在每一天、每一件工作中。其实，压力是人生的需要，是自我实现的需要，项目管理给每个人创造了机会，重要的是，你敢不敢面对，能不能最大限度地利用这些机会。

在实施项目的过程中，需要重新为自己定位，没有了原单位里的头衔，没有了原环境中的纠葛，工作起来可能更超脱；一旦项目结束，队伍随之解散，也没有人际关系上的后顾之忧。但这同时也是对人的考验：不断面临新的选择，怎样才能被新的团队认可，在项目中如何有所作为……这一切用"机遇与挑战并存"来形容是十分贴切的。

目标评估既包括对整个项目目标实现程度的认定，也包括对项目中每个成员贡献的认定。当然，评估是建立在项目组自评基础上的，但重要的是，我们的评估是立足于调研和了解情况的。评估的过程也是我们培训员工的过程，共同的参与、观点的交锋、智慧的交融、心灵的碰撞，这样的学习事实上远比坐在办公室里有效得多。

校长的教育资源意识

在出访学校时，我常常会为学校充足的教学资源而惊叹，也常常会被校长的精打细算所折服。

在华盛顿州半岛学区的港湾高级中学，整个学校大楼的中间是一个很大的学生餐厅。我们走进学校的时候，正是学生用餐的时间。校长迈克告诉我们，因为学生多、餐厅小，全校的学生要分三批进餐，但只要合理安排上课时间，解决这个问题并不困难。果然，很快1900名学生便就餐完毕。然后，学生把带轮子的餐桌推到旁边，餐厅立刻就变成了两个球场。美国的中小学，没有多少学校有专门的餐厅。在他们看来，那么大一个建筑，却只是在午餐的时候用上一会儿，这种浪费太不可思议了。

走进学校图书馆，发现阅览室的一角早已摆放得像一个报告厅，演讲台、听众席、书记席一应俱全，那是专门安排用来向我们中国教育代表团介绍情况的。当我们参观完校园又回到图书馆的时候，临时组建起来的"报告厅"没有了，满是精神食粮的阅览室里又组织起了招待代表团的午餐会。这让你既感受不到铺张，又不会认为他们小气。

我随手翻了一下学校为学生及其家长准备的《课程手册和注册

指南》，从中可以看出学校的良苦用心。这个手册的第一页，是校长致辞："亲爱的各位家长和同学，作为港湾高级中学的校长，我非常荣幸地向您奉献这本我校2003—2004学年的学科目录和注册指南。本指南将有效地帮助您获取达到毕业要求的重要信息以及您感兴趣的课程介绍，帮您完成课程选择。在您选择课程后，我们将开始安排学校的各项日程，聘请教职工，购买日用品、课本和相关设备。因此，请您慎重选择您的课程。此外，报名者的数量和班级的选择也是我们下一年是否开课的依据……"从这里，我们可以看出学校的资源建设是围绕学生展开的。创造适合学生的教育，而不是让学生去适应学校已经拥有的一切。学校对资源的珍惜、对组织资源的慎重，由此也可见一斑。

打开学校的网站，首页上有一个学校教职员表，一个有趣的现象引起了我们的兴趣。在全校15类90多个岗位中，差不多每一类都用小数来表示人员的数量，其中有0.6个教务长、4.5个咨询员、53.6个教师、0.4个护士等。原来，学校的教职员有好多都是一人两用甚至几用，有的既是优秀的化学教师，同时又兼做护士；有的既是咨询员，又是技师。还有一些岗位所需人员没办法从学校的固定职员中聘任，学校就从社会上招聘一些有教师资格的专业人员。精打细算的校长们往往不会因人设事，他们的原则是因事设岗，需要多少，就聘用多少，于是，就出现了如上所述的一些零碎的岗位工作量。有多少工作量，才有多少薪酬，所以，一位教师是不会长期待在工作量不满的岗位上无动于衷的。校内兼职、跨校兼课，也就变得十分自然了。

与美国的校长交谈时，他们往往喜欢谈论一个我们在学校里很少提及的话题，就是学校教育资源对社区的贡献。在美国，学校的图书馆什么时间向社区开放、运动场什么时候可以举行社区比赛，都有明确的规定，而且每所学校都通过网络或其他方式向社区公布服务电话。在港湾高级中学，我们发现，学校在网站的首页上把学生使用体育馆、会堂、游泳池、运动场的日程表向社区公布，其他时间则全力满足社区居民的需要。

钱是怎么花出去的，也是美国的校长必须关注的一件大事。港湾高级中学网站的首页上就有学校向社会、家长所做的一个资金使用报告。从中我们不难发现，其用于教学的资金比例之大是我们难以企及的。

因为工作关系，笔者曾经对国内一些学校的天文馆使用情况做过调查，结果发现，大部分学校竟有90％以上的学生没有到过天文馆，更不要说做什么天文观测了。几十万的投资，有时候仅仅是为了供领导视察，供客人参观，这样的花费实在可惜。

我们有常年装满档案又常年不见有人进出的高等级的档案室，但我们自己都不知道这些档案到底是用来干什么的。建这样的档案室一个直接的原因是为了档案室的达标，究竟这些档案对学生和教师有什么作用就不甚了然了。再看一看我们的许多学校，什么都有专用的 —— 会客室有专门的，会议室有专门的，一些很有派头的学校甚至都已经有了专门供校长开会的地方，可是，却没有教师专用的阅览室，没有资料室，没有评课室，连学生社团都没有像样的活动场所。我曾经对一些学校直接用于学生的建筑和非教学用房做过统计，发现由于校长教育资源意识的不同，学校在资源分配上有着巨大差异。

第五辑 —————————————————————

学会终点思考

不要像一般的人一样生活

我的笔记本电脑的桌面上有这样一句话："不要像一般的人一样生活，否则你只能成为一般的人。"

把这句话反过来说，也许我们会更加清楚：如果你想成为不一般的人，那么，你就不能像一般的人一样生活。

我的一位老领导总是喜欢跟我们那些希望事业得到超常规发展的同事说这样一句话："你没有超常规的思路，你没有超常规的办法，你也没有超常规的措施，你又想达到超常规的目标，这怎么可能？"

是啊，这怎么可能！你想成为不同一般的人，但你却像一般的人一样生活，一样工作，一样追求，一样思维，一样朝九晚五，一样春种秋收，你凭什么可以成为不同一般的人！

我当然不敢说，我们已经不像一般的人一样生活了，但我却可以说，我正在与我的同事们相约，尝试着这样做。

一般情况下，大家对上级的指示往往"不走样"地贯彻执行，并以此为荣，而我们这里却常常要求大家"走样"，我们叫它"创新工作成果"。而且，这个成果已经成为评价每个部门、每位员工的重要指标。

一般情况下，大家喜欢经营自己的职业，特别是追求级别、待遇、房子等，而我却经常忘掉这些，拿出更多精力和时间去不断挑战自我，不断刷新自己，尝试新的工作方式和生活方式，给自己制定一些乍看上去有些不可思议的目标并全力去实现它，给自己一些惊喜。我把它看作人生的自我奖赏。

一般情况下，大家都能"在其位，谋其政"，但仅仅如此，肯定只能成为一般的人。我要求自己除此之外，还要种好自己的"自留地"。在"自留地"里，常常意外地开出别致的花，结出独特的果，尽管打不了多少粮食，却往往能给你意外的收获。

一般情况下，人们都是在学校里学习知识，到社会上运用知识，而我却深知自己在学校里所获知识的浅薄和粗疏，所以从参加工作之初，就不断地向书本学习，向实践求教，只要听到先进的东西，就立即前往求学，受益匪浅。

一般情况下，人们往往是干什么才学什么，对一些于谋生"无用"的东西或不屑一顾，或无暇顾及，而我却喜欢买一些与主业"无关"的书，了解一点儿与主业毫无关系的东西。

一般情况下，人们喜欢读一些流行而又时尚的书，而我则往往喜欢读一些不合时宜的东西。譬如，以学生为中心的观点已经席卷校园的时候，我却重新找来凯洛夫的《教育学》，才发现我们对凯洛夫的批判并不公允。

一般情况下，人们把工作与休息区分得分明，而我却经常把它们混在一起。从宿舍到工作单位要走40分钟，对我来说，这是难得的休息；走得有些汗津津了，再坐到办公桌前处理一些事情，更是一种休息；外出开会、讲学是难得的休息，因为比起待在学校，那确是单纯多了；而回到学校，没有了外出的颠簸，也是一种休闲。

"不要像一般的人一样生活，否则你只能成为一般的人"，已经记不起这句话是谁说的了，但它却教我走上了一条属于自己的道路。这句话说起来轻松，但沉下心来想想却回味无穷，它时时警策着我：不要像一般的人一样生活。

学会终点思考

一个人在思考自己人生方向的时候，有一个非常重要又实用的方法：由终点开始思考。譬如说，人生七十，你可以先想好七十岁时你想干什么，要达到什么程度，身边会有什么人……当这些明确时，你就会知道你五十岁的时候应该在哪里，已经完成了些什么；再推想四十岁、三十岁直至今天。

因主持中央电视台《正大综艺》栏目而红透了半边天的杨澜，在她最红的时候却突然从央视节目中消失了，不再主持中央台收视率最高的黄金栏目。在许多人为她惋惜时，她却到国外进修学习去了。用她自己的话说，就是要"挑战一下自己"。

很多人都不能理解，不明白她葫芦里到底卖的是什么药。其实，她的想法很明确，她喜欢当一个有智慧的主持人，当一个靠人格魅力赢得观众的主持人，而不是靠年轻、脸蛋吃饭。她希望自己迈入老年之后，还能够继续自己的事业。所以，她暂时告别了令人陶醉的金话筒。

今天，当你再来看杨澜做的节目时，你很可能会发现一个全新的杨澜——一个已经是两个孩子妈妈的杨澜，以内涵和气质赢得了观众。好评如潮，靠的是自身修养。从战略上说，是"终点思考"

的人生韬略帮了杨澜的大忙。

　　大学毕业后，大概在四五年的时间里，我那些比较要好的同学大都跳出了校园，有的下海经商，有的做起了公务员，而且一个个都做得十分出色。我也有些按捺不住。可是当我真的进行"终点思考"的时候，我冷静了许多：那些终点目标都不是我梦寐以求的。下海经商最好的结果是挣了花都花不完的钱，而自小受家庭熏陶也好，受儒家影响也罢，花都花不完的钱向来就不是我这一生追求的最终目标。既然如此，我何必下海？而做官呢，我还是有自知之明的，凭自己的个性、气质甚至背景，我不可能成就什么大事业，虽没在官场上体验过，但作为旁观者也略能看出一二。尤其叫我难以接受的是，在官场上往往出现一个人正当事业辉煌的时候却因为年龄的原因而没有了舞台的情况，而且这样的舞台自己没有办法重新搭建。

　　"终点思考"使我又按捺下了自己，继续在校园里潜心于舌耕笔耘。

　　后来，领导一所学校，"终点思考"又一次帮助了我。刚开始接手一所新的学校时，我总是急于改变一些什么，嘴上说"不烧三把火、不踢头三脚"，可脑袋里还是有些发热。为了应付一时的检查、评比，给学校创一些名气或牌子，常常把老师们折腾得精疲力竭，一时半晌这样也就罢了，问题是这样的事情一直有增无减。一段时间下来，学校的奖牌是多了，可同时也出现了一些不好的苗头：老师们似乎没有人再找我借书了，碰到一块儿也不再像过去那样交流各自的读书心得了，研究学生的风气也在衰减；学生变得有些浮躁了，原因是课堂上的老师有些浮躁。我开始静下心来思考我的办学理想。我的目标是把学校办成一所省内外一流的特色学校。要达到这样一个目标，首先需要的就是教师的一流。而教师的一流不仅仅来自学校的刻意培养，更来自一个可以激发生命活力的机制，来自教师自我发展的内在动力。如果按照刚开始的那种方式管理学校、要求教师，实现目标就是一张空头支票，南辕北辙就在所难免。有了这样的思考，就有了这样一些措施：研究一套建立在全新管理观念之上，致力于节约被管理者时间的管理模式，只有教师有了属于自己的时间，他们才有可能提高素质；允许老师们种一些"自留地"，张扬教学个性，培养有个性的学生；提倡个人的自我实现，鼓励人人制定"个人成长方案"，做成名成家梦。

很快，我们许多老师就在一些领域崭露头角，有的还真成了省内外知名的专家。校园里弥漫着向上的空气，老师的成功带动了学生的成功，学校发展进入了加速冲刺的阶段。

"终点思考"其实很简单。在日常生活的旅途中，我们知道，9点钟要搭乘飞机，就应该提前到达机场，还要提前出门上路。但是在生命的旅途中，我们却常常犯这样的错误：不是迟迟不肯出发，就是出发之后中途又犹豫不决，或者干瞪眼看着时机与自己擦肩而过，永不再来。仔细想来，造成错误在很大程度上是因为没有进行"终点思考"。

在成就学生的同时成就自我

我向来不赞成把教师仅仅看作蜡烛、春蚕、铺路石一类的角色。那种认为一类人的工作仅仅是为另外一类人献身，一类人悲剧性地活着仅仅是为了造就另外一类人的幸福的说法，已经与我们这个世界的初衷相去甚远。

教师应该是"托起太阳的人"，同时，教师这个职业也应该是太阳底下最光辉的职业。一个教师在成就学生的同时，也应该成就自我。

那种把教师视为悲剧角色、把教师这个职业仅仅视为铺路石的人，对人生的认识其实出现了偏差。他们太看重轰轰烈烈的壮举，殊不知点燃心火是最了不起的事业，尽管它表面看起来似乎平平淡淡。点燃心火的人更是崇高的英雄，虽然他的工作看起来并不轰轰烈烈。

然而，在一些普通的中小学校里，不少教师的人生目标不高：仅限于把课本知识较好地传授给学生，不至于误人子弟就行了。很少有人想到在教学过程中提高自己的能力，挖掘自身的潜能，实现自己的价值，使自身生活达到人生的新高度，让"自我"发出生命的光辉。教师的个人愿景处在休眠状态，这不能责怪教师。出现这种状况，有社会原因，但作为校长，我们首先应当想到自身的责任。实际上，学校的管理者不但有责任，而且应当有能力唤醒每一位教师、每一位员工的生命潜能，让每一个人实现自己的价值。否则，你就不能算是一个称职的校长。而要做到这一点，你为教师设计的愿景就必须是高层次的、富有魅力和感召力的，要有一种让每一个人都热血沸腾的力量。

基于这样一种认识，我们在学校的老师中间开展了"在成就学生的同时成就自我"系列活动，尽可能地创造一个让全体教职工都能发挥其潜能的氛围和环境，让每一个人在学校里都留下一段美好的记忆，让学校成为每一个人成才的基石，并把这化为一个鲜明而又响亮的口号：让学校里的每一个人都成为英雄！

要想让人人都成为英雄，就要创造条件、营造氛围、铺设台阶，让人人都感到受尊重，都尝到成功的喜悦，感到作为学校一员的光荣和自豪。

首先，从物质生活上关心每一位教职工。为此，我们建成了高标准、高质量的幼儿园，解决了教职工子女入托难的问题；新建和翻修房屋3120平方米，使25户无房户有房可住；为12对两地分居的教师联系调动，使他们家庭团圆；为青年教师做红娘，使8对青年教师喜结良缘，并且为他们举行了别开生面的集体婚礼……

生活问题解决了，我们又进一步在事业上为每一位教职工铺设"成为英雄"的台阶，营造"争第一光荣，创优秀可嘉"的氛围，鼓励每位教职工勤奋工作，创造一流成绩。首先，是设计自我，确立自我实现的目标。然后，是分解计划，落实自我实现的具体措施。学校该提供些什么帮助，也在这一环节中落实下来。当然，整个活动始终要贯穿"把自己与学生的前途、命运结合在一起"的思想，目的是让老师们明白，如果你创造了一个奇迹，那么这个奇迹同时也会造就你自己。

我们学校还有一个让老师们心驰神往的地方，那就是"教师成果展厅"。这里写满了荣誉，洋溢着自豪。踏进去，她的庄严和浩瀚会使你受到感染，使你不由自主地惊叹，以至于流连忘返。展厅共分三部分。第一展室为"荣誉篇"。展台上摆满了老师们在教学工作中获得的荣誉证书和奖章：从全国教育系统劳动模范到校级教坛新秀，从市级教学能手到校级模范班主任……这些鲜红的证书和闪光的奖章，是对教师无私奉献的最高奖赏。第二展室为"著述篇"。展台上那一本本教学论著、一篇篇有独到见解的论文，无一不是教师智慧和心血的结晶。第三展室为"丰收篇"。这里摆放的是学生参加各种竞赛获得的奖杯和荣誉证书。有全国中学生数、理、化奥林匹克竞赛的荣誉证书，有中华"圣陶杯"中学生作文大赛的奖品，还有在山东省学生文学艺术作品博览会上获得的奖杯……这一件件奖品、一个个荣誉的主人是学生，但荣誉的背后还有辅导教师的身影。

"让学校里的每一个人都成为英雄"，不只是表彰先进，还有一个让每个人都感到"大家都在关心我、尊重我"的问题。为此，学校工会组织开展了"四中人在四中大家庭"联谊活动：为年满30岁的青年教师赠送牌匾，鼓励他们在而立之年努力奋斗，创造辉煌；为结婚20、25、30、35年的教职工夫妇和男满55岁、女满50岁的教职工举行庆婚活动和祝寿活动；为单身教职工免费提供生日午餐；年终为教职工子女发放礼品……

关心、尊重每一个人，为每一个人创造成功的机会，让每一个人都感受到学校"大家庭"的温暖，感受到作为一个"大家庭"成员的责任和光荣，感受到自己在这个"大家庭"中的存在和自己对这个"大家庭"的价值。这样一来，老师们终于找准了自己的坐标。于是，校园里既有同学们的七色阳光，也有老师们的金色爽朗，老师们灰色的生活变成了金色的人生。

给教育一些"闲暇"

我知道这是一个过于理想化的命题。

但我也知道，这应该成为我们孜孜以求的教育理想。给教育一些"闲暇"，给孩子们一些"闲暇"，也给我们的教师一些"闲暇"。只有如此，我们的教育才能真正走出浮躁，走出急功近利。

纽约大学教授尼尔·波兹曼经过认真考证后发现，"学校"这个概念是希腊人发明的，在希腊文中，"学校"一词的意思就是"闲暇"。在他们看来，只有在闲暇的时候，一个文明人才会花时间去思考和学习。

原来如此！

我的一位朋友曾经在她经营的一所民办学校里，给老师和学生创造了一些聊天的机会，让大家在自由自在、无拘无束的谈话中收获成熟。在她看来，聊天可以聊出智慧，聊天可以聊出灵感，聊天甚至可以聊出神奇。考察英国的伊顿公学时，发现它同样有一个让师生聊天的时间。每逢周末，每位老师都要带十位学生回到自己的家里，与他们一起做饭，一起游戏，在轻松自如中互相敞开心扉。事实上，在聊天中，真才能驻足，情才能弥漫，教育也才能真正奏效。有人曾经对伊顿公学的毕业生做过一次调查，发现在母校的所有活动中，他们认为最应该保留的项目竟然是周末的聊天。

想一想罗素的成长经历吧。他之所以能够成为伟大的哲学家、数学家、逻辑学家和社会思想家，并获得了诺贝尔文学奖，并不是由于学校的系统训练，恰恰相反，用他自己的话说，正是由于16岁前他始终没进学校，而是一直在家里与祖母闲聊。甚至后来进入剑桥大学之后，对他影响最大的也并不是正规的学校教育，而是同著名学者怀特海等人的聊天。

这的确有点儿让我们这些从事学校教育的人难堪，也的确耐人寻味。

莎士比亚曾经在《亨利六世》中篇第四幕中，借剧中人之口，怒斥学校教育之弊端："你存心不良，设立什么文法学校来腐蚀国内的青年……我要径直向你指出，你任用了许多人，让他们大谈什么名词呀，什么动词呀，以及这一类的可恶的字眼儿，这都是任何基督徒的耳朵所不能忍受的。"

当然，对创办学校而腐蚀了王国青年的说法，我们并不敢苟同，但是我们从中可以发现，那些用琐屑和无聊充斥学校生活、挤占孩子们闲暇时间的做法，终究是不受他们欢迎的。

很喜欢苏霍姆林斯基的那个帕夫雷什中学，在他的笔下，我们看到，孩子们在草场上嬉戏，在旷野上露宿，在野外烧火做饭，在自己组织的夏令营里生活，在自己栽种的葡萄树下采摘果实，在凉亭里做家庭作业，在野外清新的空气中看书讨论：学校已经真正成为孩子们向往的地方。

很向往《论语》里描绘的那个境界，孔子与弟子们"莫春者，春服既成，冠者五六人，童子六七人，浴乎沂，风乎舞雩，咏而归"，看上去颇有点儿优哉游哉的闲情逸致，其实这才是诞生孔门七十二贤的土壤和空气。

我们现在已经很难感受到这样悠闲恬静的学习氛围了，我甚至有点儿怀念自己的小学生活。记得有一年冬天，我们的班主任老师不时地被勒令到中心学校去接受批斗。每当这个时候，没有了老师的我们便围在火炉旁进行一个烧石灰的实验。我们把校园里用来盖新房子的石头敲打成碎块，检验可能烧成石灰的石头品种……"闲暇"里发生的故事，却成为小学里的美好时光！

当然，给教育一些"闲暇"，单纯靠校长的能力是没有办法做到的，需要我们教育部门乃至全社会的共同努力：我们的考试制度需要变革，我们的课程方案需要完善，我们的用人观念需要改变。等到有一天，我们的学校真的让学生、让教师有了更多"闲暇"了，我们才可以说，我们的教育已经开始走向常态、走向成熟了。

为了教育的自由呼吸

我是从教师、校长的岗位上走到教育局长的岗位上的。有人说，屁股决定脑袋。事实上，我们曾经在什么岗位上待过，在某种程度上会继续影响我们的决策。所以，潍坊市的教育改革自然也就更多地带有教师的眼光和校长的追求。如果对这些眼光和追求进行聚焦和汇集，其中的价值观就显得特别简单，那就是为了教育的自由呼吸！

长期以来，人们已经习惯于把教育局长当作一位"大校长"。许多时候，我们当局长的也在不自觉地扮演这样一个辛苦的角色：学校有教学工作，我们组建一个教研室；学校有后勤事务，我们设置一个供管站；学校的信息技术突飞猛进，我们就只好设一个电教馆……一句话，学校有什么工作，教育局就设一个什么部门来管理学校的这项工作。我们不是把学校当成一个具有独立法人地位、能够自主发展的成人，而是始终认为它是一个未成年的孩子，因而管得琐碎而又具体，管得令人无可奈何而又心生厌恶。因此，这种自上而下的管理机制，必然造成学校管理的被动应付和唯上主义，真正在校园里落实"学生为本、学生中心"，绝大多数校长显得力不从心。

到教育局工作后，我不希望做这样的"大校长"。长期的学校工作经历告诉我，只有当学校有自主发展的空间时，学生才能够自由呼吸；要想培养具有独立人格的学生，首先要从塑造具有独立精神的学校开始。于是，自2001年开始，潍坊市的教育改革在原来扎实工作的基础上一路过关斩将，通过改革还给学校招生自主权、人事聘任权、经费分配权和职称评聘权，归还学校应有的权利成为近五年教育改革的主题词，大大小小的改革紧紧围绕调整政府与学校的关系、最大限度地解除学校身上的枷锁、为校长松绑而有序展开。因为我们追求的目标正是学校的自由呼吸。

当然，改革给教育行政部门带来的并不是轻松与放纵，规划、监督、督导也必不可少。"我思当我思，我做当我做"，职能的转换带来了全新的工作方式，也带来了全新的挑战。

关注课堂教学，改变学生的课堂生存状态，改变学科认知和教师教学的行走方式，是我们近年来始终不渝推进的另一项重点工作。为此，我与我的同事们经常到校园里听课、评课，既研究问题，也总结经验。推进课堂教学改革，让学生在课堂上自由呼吸，让师生共同演绎生命与成长的精彩，成为我们全市教育工作的重中之重。于是，有人表示惊讶，有人感到好奇，似乎这样一些芝麻小事不值得一个地级市的教育局长来管。但我始终认为，教育局长如果不关注天天发生在课堂上的事情，不关心孩子们最基本的生存状态，这才是本末倒置。你所能做的一切，包括政策的改变、资源的整合、教师的培训，最终的效果也应该反映在课堂上孩子们的脸上和心里。我始终认为，每一门学科都可以找到一种孩子们喜欢的学习方式，每一个课堂都可以创造精彩，激发生命活力。其实，素质教育并不神秘，当每一个孩子在课堂上都能够自由呼吸，当每一个课堂都让孩子们获得成功的时候，教育也就自然而然地成功了。

从哪里寻找教育的力量

在教育实践活动中，我们经常听到一些教育工作者的抱怨，他们认为我们所处的社会环境太差，妨碍了学校素质教育的实施，破坏了教育工作的有效性，有人甚至很感慨地说"学校教育五整天，抵不过大街转一圈"。面对高耗低效的教育现状和自己不可能改变的社会现实，许多教育工作者不知从哪里寻找教育的力量，于是，他们感到茫茫然，进而感到愤愤然。

这些抱怨针对的显然是社会，可仔细想来又很不对味，因为教育本身就应该植根或立足于社会，谁也不能办一所脱离尘世的空中学校，或把教育变成只有在真空里才能生存的东西。这样一来，探讨这个问题的着眼点就十分自然地转到了抱怨者自身。其实，我们真该思考一下我们学校教育的问题了，五天的教育效力竟然抵不过一天甚至一个小时的社会影响，这应该是我们教育的悲哀。如果我们的教育真这么脆弱的话，那么，教育的根基肯定是需要调整的。认真想来，过去的教育都搞了些什么呢？过分理想化、虚无缥缈的东西太多了，我们在用连我们自己都不相信的东西教育我们的学生。我们是辩证唯物主义者，可我们却从不告诉学生社会的丑恶。我们是历史唯物主义者，可我们却不愿意让学生知道在没有到达美好的明天之前，我们今天面临的是如何艰难跋涉。我们最迫切的任务是往我们的脚下垫石头，可我们的教育却花了几乎全部的精力去教学生如何成功地摘取月亮。我们一味地告诉学生万里无云、太阳当空，可学生在遭受暴风雨袭击之后带上一把雨伞又有什么不好？我们一再灌输的是"大河里有水小河里满"，以至于在个人利益与集体利益的关系上，把"公而忘私""无私奉献""舍己为人"强调到了人们难以接受的程度……其实，从自然界的客观规律来说，学生更加容易理解的却是"小河里流水大河里满"。说到底，我们的教育距离现实太远，以至于学生在对社会有了一些初步体验后，便开始怀疑起自己的老师，怀疑起自己所受到的教育。这其实是再自然不过的事情了。如果学校和社会这种不成比例的影响力真的存在，那么，我们就有理由来问：我们的教育到底干了些什么？

写到这里，我想起了王蒙曾经说过的一句话：我们不应该没完没了地进行脱离实际的理想主义宣传，过高的理想——乌托邦灌输，最后往往将自己的军，使自己远远达不到吹胀了的期望值，而造成自己处于尴尬的境地。教育的威力在于"可信"，讲得天花乱坠不行，说得前程似锦也不行，关键在于它是不是事实。客观、冷静地面对事实，引导我们的学生学会思考、学会处事，努力去选择一种科学的处理问题的思路，这才是教育的本分。唯其如此，教育也才真正有威力。

是教育为自己把脉的时候了。

第六辑 —————————————————————

张扬教学个性

"个性空间"没有个性

在某地考察一所在当地颇有名气的小学时，主人带我们参观一个被称为"个性空间"的大楼。进去后才知道，所谓"个性空间"，其实就是一个学生课外活动的场所，学生在里面弹琴、吹箫、跳舞，乍一看热热闹闹，可再仔细看看，就感到有点儿不对劲。

阅览室里，读书的学生有站着的，有坐着的，可站着的都是同一个姿态，坐着的都是同一个标准。尤其叫我们难受的是，席地而坐的孩子们不仅拿书的高度个个相同，而且连盘腿的弧度都是一样的。主人本来可能是想向我们展示学生在阅览室里自由读书，可这种统一的"自由"实在令人感到悲哀。我认真看了一眼他们半空的书架，发现上面大都是适合小学中年级学生阅读的书籍，低年级和高年级学生基本上无书可读。至于科普、历史等类别的书更是凤毛麟角。在这样一个阅览室里，我不知道怎么培养个性。而合唱团、器乐队的表演，更叫我们不安。小队员们一个个面部表情紧张，生怕出什么差错，三分的精力在表演，七分的精力在瞥着我们这些考察的人。

我强烈地感受到，"个性空间"里的孩子们似乎都在努力成为和别人相同的人，都希望成为讨别人喜欢的人。"个性空间"里的孩子们，最终可能都有一些特长，但他们却在悄悄地"消磨"自己的个性。

所谓个性，包括个性倾向性和个性心理特征。前者指人的需要、动机、兴趣和信念等；后者指人的能力、气质和性格。这两个方面的有机结合，使个性成为一个整体结构。苏霍姆林斯基在他的全面发展观中，特别强调人作为一个不可分割的整体，在道德、智力、情感、审美、创造等各个方面的协调发展。人是一个整体，个性当然也是一个整体。一个艺术家，不应该仅仅是一个用乐器奏出优美旋律的人，还应该有艺术家的眼光、艺术家的胸怀和艺术家的情操。一个运动健将，不应该仅仅跳得高、跑得快、拿得到奖牌，更重要的是用那种力争上游的精神去感召人。这样说来，个性的培养就显得不是那么简单了——不是说谁学会了吹笛子，吹笛子就成了他的个性；谁学会了草编工艺，草编工艺就成了他的个性。重要的是，在这些兴趣活动中，他得到的情感、智力、道德和审美方面的东西是什么，有没有为他的人格锻造淬火。如果给他的仅仅是特长，那这就不算什么"个性空间"。

过去，我们用枯燥乏味的练习、作业充塞学生的时间、空间，学生处于被动、疲惫的应付状态，没有自由，个性自然没法发展。但是，我们切不可走到问题的另一个方面：表面上给学生更多空间，将他们从单纯的必修课里解放出来了，事实上却又让他们陷入了所谓"自由的泥沼"。在表面的自由下，学生必须学会这一个特长，必须练就那一番功夫，甚至连培养什么样的"个性"都由教师设计好了。事实上，教育并不是由教育者替代学生设置模式，个性更不是教育者一拍脑袋为学生想出来的，教育不过是创造环境、设置条件、营造氛围，让学生有广阔的心理空间和心灵自由罢了。

最后，我又想起了"个性空间"里孩子们的一个细节：我们的考察刚刚结束，孩子们便"飞"出了"个性空间"，问他们为什么，回答竟然是"完成任务了"。我为之感到悲哀。他们把"培养个性"的活动看成做给人看的任务，他们是在应付学校的安排。在这种造假活动中，形成双重人格也就在所难免了。

小心，切不可培养了特长，却消磨了个性！

张扬教学个性

张扬学生的个性已经没有什么疑义了，张扬教学个性也已经提了出来，但提得似乎还不够响亮。

没有教学的个性，怎么会有学生的个性？如果我们的教学像工业流水线一样生产，像计算机程序一样运行，我们学校的"产品"——我们的学生会是什么样子？

所以，我们有必要认真思考一些有关教学个性的问题。

不同的学科应该有属于自己的教学个性。长期以来，我们用同一个模式来组织不同学科的教学，拿同一个标准去衡量不同学科的课堂，导致课堂教学千篇一律，缺少生命活力。不同的课型应该有不同的教学模式，应该有各自的教学个性。在多年的教学实践中，我们总结出的诸如活动体验型、创设情境型、专题研究型、问题探究型、自主学习型等教学模式，通过教师根据不同的教学内容组织选用，收到了较好的效果。当然，要体现不同课型的教学个性，就必须建立新型课堂。要突破狭小的空间，实验室、图书馆、运动场、校史馆等理所当然应该成为课堂，课堂还要延伸到社区、农村，延伸到电影、电视和其他各种传媒，延伸到与之相联系的现实生活，延伸到相关领域的新知识、新技术。这样不仅能使教学走向丰富博大，而且更利于学生学活、学好。

尤其重要的是，我们一线的每一位普通教师是不是也可以有自己的教学个性？一个成名了的教师可以"读读、议议"，也可以"讲讲、练练"。具体到一线的普通教师，约束便多起来。讲多了，是"满堂灌"；讲少了呢，又成了"大放羊"。讲得动情，似乎有点儿自我陶醉；教得理智，能否打动学生？于是，我们开始设定框子，编织套子，排定程序，先造程式化的教学，再铸程式化的教师，最后便培养出一批又一批大同小异的学生。而实际上，不同的教师有不同的教学风格：有的以幽默诙谐见长，有的以逻辑严密著称，有的善于以雄辩的口才打动学生，有的则以漂亮美观的书法吸引学生。大家各有各的特长。

没有个性就没有人才；没有教学个性，就没有课堂的生命。素质教育的主阵地在课堂，让课堂焕发出生命活力的根本在于张扬教学个性。

协商与管理

2003年，我们有一所学校以两分之差没能进入优秀学校行列。

颇有些让人尴尬的是，2003年是这所学校历史上最叫好的一年：学校的各项工作均受到社会各界的普遍好评，不仅高考成绩遥居全市68所高中学校之首，而且学生德智体美全面发展，一大批优秀学生脱颖而出，一大批富有个性的学生纷纷被高校选走。出现这种情况，是学校出了问题，还是评估方案出了问题？显然，是评估方案出了问题，而且是思路出了大问题。

我们市直学校共有10所，却有5个"品种"：普通高中、普通中专、职业高中、师范学校、特殊学校样样俱全，还有一所教育学院、一处实践基地。面对这么复杂的评估对象，我们的评估标准却是沿用了多少年的一刀切的"老皇历"，从办学思想到办学条件，从教师队伍建设到教育质量，都是一个模子套下来。我们总希望用一个标准排一个名次，分出个一、二、三来。

这让我想到了一个关于古希腊的恶神和他的"魔床"的故事。恶神在路边准备了一张铁床，凡是经过的人都要被捉到铁床上去，个子高的截截短，个子矮的拉拉长。于是，人都被搞得一样高矮。

我们的评估方案不就有点儿像这样一张固定的铁床吗？

有效的管理一定是简单的。对学校的评估指标越细，反而越不准确。

面对千差万别的单位、学校，该如何做出科学而又准确的评价？我们想到了协商。

2004年春天，我们开始探讨协商式评估的途径、方法，得到了市直学校的赞成。

协商式评估的第一步就是要学校自己确定自己的年度目标和长远规划，然后由领导和专家组成的评估组进行科学评估，一旦得到认可，学校便可据此制定工作措施，分解责任。很明显，协商是为了促进学校的发展，让他们重新认识自我，明确奋斗目标，调整工作策略。协商是为了给学校的发展加油、添柴。

在整个过程中，不仅目标可以协商，评估的方法也可以协商，甚至评估时间等问题，也是可以协商的。

这样一来，每一所学校的评估标准都是不同的，都是个性化的。

幼儿师范学校正在进行新校建设，对学校工作的衡量如果撇开这么繁重的工作量不看，而仍然仅仅关注学校常规工作，是不尊重学校的劳动、不实事求是的。

商业学校正通过寻求与企业合作办学来获得更高水平的发展，合作成功与否将决定学校能否尽早进入发展的快车道，所以，年内如果合作成功，给校长记一功应该并不过分。这样的学校，怎么不是优秀的学校？

聋哑学校正在进行教学层次的提升，开展职业高中教育成为学校工作的重中之重。如果常规工作能够正常进行，再把职业高中教育开展起来，我们的特殊教育不是又上了一个新的台阶吗？

其实，评价方案不同，道理非常简单：因为评价对象不同，所以评价方法也应该不同；因为学校的性质不同，所以评价标准也应该各异。如果我们的学校年内都达到了我们协商的目标，都成为优秀学校，又有什么不好？为什么一定要用同一个标准，把学校分成三六九等？

课程变了，理念变了，时代变了，学校里的好多东西都变了，为什么我们的行政管理不能变？

管理者应当借鉴裁缝的做法：量体裁衣。

第七辑

换药不换汤

多一些衡量学生的尺子

在高密一中，我们曾经开展过用多把尺子衡量学生的开放性评价实验。有一个学年，我们开发出了近200个奖项。尺子越多，好学生越多。一时间，评出的优秀学生成倍增加，也收到了很好的教育效果。

正当我们有些陶醉的时候，一位学生找到我们，希望学校能够改变评价办法。因为在他看来，得奖的学生不过是在碰"运气"罢了：学校设了奖项的，就可以轻易得奖；而未设奖项的，尽管水平很高，也只能望"奖"兴叹。这太不公平了。

当我向他征询意见的时候，他直言不讳地说，希望能够为他专门定做一把尺子。因为在他看来，学校的尺子虽多，还没有一把是真正适合他的。

原来，他爸爸是搞装潢的。长期以来的家庭熏陶，使他自幼就喜欢装潢设计，甚至连木工家什也爱不释手。十几年的功夫，他自信在全校无人能比。他希望学校能考一考他的水平。

这件事给了我很大的启发，我马上与老师们商量，希望大家能够想出一个更好的办法来解决这个问题。于是，大家集思广益，建起了"学生技能测试站"，不仅为这位喜欢装潢的学生，而且为所有学生搭建起了一个更加开放的成长平台。这个测试站其实是一个与学生协商评价的平台，测试的项目是开放的。如果一位学生认为学校的评价项目不能够满足他的需求，就可以到这个测试站去申请新的测试项目。学生的申请不仅要包括测试内容、测试标准，还要提出测试的方法。这个申请经过测试站的认定委员会认可后，还要张榜向全校师生公示。如果没有反对意见，就可以按照学生自己提出的方案进行测试认定，并根据测试的结果为他颁奖。

"学生技能测试站"发挥了很好的作用，受到学生的普遍欢迎。学生为什么喜欢这样一种评价方式？很明显，这种评价的目标是与他们协商得来的，是建立在对他们尊重的基础之上的；这种评价的方式也是与他们协商制定的，是他们可以接受的。把尊重作为评价的灵魂，我想，这也是"学生技能测试站"受欢迎的真正原因。

许多人都同意这样一种观点，即评价应该是基于学生的成长和成功来实施的，运用的评价措施也应该能促进学生的进步和发展。事实上，每一位学生的成功都必然充满个性，每一位学生的发展也必然有各不相同的道路。正如托马斯·阿姆斯特朗所说的那样："如果一个学生主要通过图片来学习知识，那么让他去学习文字性的新型材料，他就会难以掌握材料的主题。相同地，如果一个学生习惯用动作表达，当要他做纸笔测验时，他就会难以表达他所知道的东西。"我们并不希望踏上社会的学生用一个腔调说话，以同样的方式处事，可我们的教育却在年复一年的评价中，以同样的指标去要求这些最终要踏上社会的学生。我们的"模具"不变，却希望用这"模具"塑造出千姿百态的"产品"，这种南辕北辙的战略，也未免太天真了些。

既然评价是为了发展，我们就应该选择那些学生喜欢的甚至是各不相同的方法。要使评价真正适合每一位学生，协商有可能是解决这个问题的良方。

换药不换汤

翻开成语词典，你只能找到"换汤不换药"这个成语，它的意思是说，名称或形式变了，内容还是老一套。

尽管谁都知道这是一个不好的说法，但一到关键时刻，许多人还是自觉不自觉地习惯用它一把。虽然不是没有"换药"的想法，可万一"闹出什么乱子来"，别里科夫式的人物是不会轻易饶过我们的。

对"换汤不换药"，我有着天然的反感，所以，在工作、生活中，总是抱着"既换汤，也换药"的慷慨激昂式的理想追求。虽一路披荆斩棘，但也免不了一路短兵相接。一次次吸取经验、教训之后，我终于明白，其实，二者之间还有一个可以拿来用一用的策略，那就是"换药不换汤"。

我做校长的时候，曾经在学校里推行教职工全员聘任制。按说，这与过去的大锅饭、铁交椅相比，确实是换了药方。一般来说，这样的改革常常是兵戎相见、刺刀见红，但我们在换药方的时候，却没有同时换掉药罐里的药汤，因为大家已经习惯了罐子里药汤的味道。全员聘任不错，但在第一年，全体教职工却是百分之百地被聘任，大家你好我好，全都有活干、有饭吃。有人说，没人落聘的改革也算聘任改革吗？当然！它不仅是改革，而且是具有战略性的改革。首先，人事关系在静悄悄的改革中发生了质变，由过去的行政任用关系平稳过渡到聘用合同关系，大家在心理上已经认可了这样一种关系。这是根本性的革命，也就是我们所说的，这是一个换了药方的改革。再者，在聘任过程中，尽管大家无一落聘，但是，由于我们是分层、分部门的双向选择的聘任，有些员工要被聘用到自己填报的第二、第三志愿的岗位上。没有被聘用到第一志愿的理想岗位上，直到第二次甚至第三次选择才有了岗位，你说这是落聘还是没落聘呢？表面上的没落聘保全了大家的面子，而面对自己所选择的岗位一而再、再而三地落聘，又悄悄给了人们提高自身素质的动力。这样一次"换药不换汤"的聘任改革，就为将来的深度改革奠定了良好基础。

很佩服那个确立了美国联邦最高法院司法审查权的大法官马歇尔，他在处理"马伯里控告麦迪逊案"时"不换汤而先换药"的谋略进一步奠定了美国三权鼎立的基础。马伯里是亚当斯总统在退位前夜任命的"半夜法官"，但其任命书却由于延误而被搁置。于是，马伯里以《1789年司法案例》第13条中的规定，向法院提起行政诉讼，要求法院"命令"政府任命自己为法官。可是，大法官马歇尔这位与马伯里"一个战壕里的战友"却以《1789年司法案例》第13条违背宪法为由，宣判马伯里败诉。就事件本身来说，政府赢了，议会赢了，可是，真正的赢家却是最高法院，因为即使是国会通过的法律，只要最高法院判决它违背宪法，它就会变成一纸空文，这实际上等于向世人宣告了最高法院的司法审查权，从而使国会和政府的行为成为最高法院审查的对象。一起官司，马歇尔不动声色地让自己的同僚败了，表面上，他维护的是司法程序这副中药的"汤"；但是，他却同时为美国真正意义上的三权鼎立制度，换了一剂极好的药方。

取消中小学校长行政级别，根据业绩对校长实施职级管理，也是目前体制下既可能舒筋活血也可能伤筋动骨的改革，搞不好会"闹出什么乱子来"。所以，改革之初，我们就仿效过去自己认为俗不可耐的"老人老办法，新人新办法"的老套做法，把原来校长们已经取得的行政级别全部保留，但也全部装入档案。这既让既得利益者没有受到损失，留了面子，同时又不因为保留的行政级别而影响改革的价值追求。行政级别还在档案里，但药方却已经大变。尽管改革之初我们并不急于"火烧三把"，但是，温火焖出的沸点，最终会使新药发挥出不同寻常的药力。

"换药不换汤"实际上是对暂时还没有理解改革的人们的等待，也是让人们最终能够直面改革的策略。通过这样一种方式，首先让大家清楚改革并不可怕，完全可以坦然面对。当人们发现改革不过如此，甚至可以给自己带来光明的时候，再慢慢地釜底加薪，使换好的新药药力升腾，以求得最佳改革成果。

管理中的数学思维

在高密一中任校长的时候，有两位副校长都是教数学的，他们在管理工作中的思维方式给了我许多启发。

衡量学生的成绩，过去一直沿用的是排名次的方法。很明显，这样做严重挫伤了后进学生的自尊心。取消名次，把成绩视为学生的隐私，深受学生欢迎，但却不能叫家长满意。再说，学生也需要了解自己的学习状况。怎么办？于是，他们开动脑筋，运用数学思维，想出了一个用"比值"衡量的办法。每次考试后，我们把级部前5名学生的平均成绩确定为1，且向学生公布，其余学生则以自己的成绩除以级部前5名学生的平均成绩，所得的商即为自己的"比值"。以此来自我衡量，特别便于自己和自己比较。这样一来，既把成绩当作了学生的隐私，又避免了学习上的盲目，大家皆大欢喜。

评价教师的问卷调查量表，过去各个项目都是一样的权重，从"热爱学生""民主平等"到"下课不拖堂"，每项满分全是10分。这样的评价结果并不公平。后来，经研究发现，不同的项目应该有不同的权重，这个权重当然不能是拍脑袋想出来的，它应该来自学生。于是，我们在全校学生中间开展了评价指标大排序活动，让同学们排列出"我最爱戴的老师"应具有的最重要的指标。从最重要到最不重要依次排序，汇总全体同学的结果，予以梳理。用数学的方式计算一下，最后才明白，如果"下课不拖堂"可以算10分的权重，那么"尊重学生"在同学们眼里起码要得30分。这又是数学思维带给我们的一个十分简单却又怀疑不得的道理。

曾经听过一个著名的"数豆子与决策"的案例，说的是在新加坡国立大学的管理课堂上，教授要学员们轮番数装在瓶中的大豆，一个人数，两个人数，四个人数，八个人数，十二个人数……最后将不同人数的结果予以汇总，发现六至八个人数的结果相加最准确；从人员来看，专门从事药房工作的药剂师比医师数得要准确得多。教授想要告诉学员的是，为什么六至八个人共同决策的结果最合理，为什么一个决策班子里需要专业人员。

为什么这样的课堂特别能使人们受到启发？什么道理？数学的道理。所以，后来我一直比较注意从数学的角度思考一些问题，由此避免了不少失误。

关注问题背后的问题

还是在高密工作的时候，市电视台的一位记者来采访我，一见面就非常生气地告诉我，早上让孩子气得七窍生烟 —— 刚过中秋，可孩子硬是嚷着要戴棉帽子上幼儿园。说完了，这位记者百思不得其解地自语道：难道这孩子有什么毛病？

凭经验我感觉这个问题背后有一个真正的问题。果然，第二天，这位记者从爱人那里弄清楚了原委，根子还是出在他身上。原来，前一天他回家时已经很累了，可孩子却缠着要他讲故事。为了让孩子早点儿睡觉，他就随便应付孩子说，早点儿睡吧，早点儿睡，爸爸明天用汽车送你上幼儿园。孩子特别喜欢坐汽车，就听话地睡了。可是，第二天他急着上班，早把用汽车送孩子的事给忘了。可孩子没忘，但慑于爸爸平时的权威，孩子不敢直言，于是就上演了那么一出荒诞剧。

这个故事说得已经很清楚了，治疗孩子"怪病"的药方，不是给孩子吃药，而是需要爸爸改变对孩子不讲诚信的毛病。秋天要戴棉帽子的背后，有一个更大的问题，我们应该关注背后这个问题。

我做校长的时候，有一个时期，校园里学生扔馒头的现象特别多。德育处的老师建议对学生进行勤俭节约教育，开一个勤俭节约动员大会，而且还要我做一个主题报告。我不同意开会，而是要他们调查一下这个问题背后有没有别的问题。经过调查，德育处的老师们还真发现了背后的问题。什么问题呢？就是我们学校的食堂一直只做二两一个的馒头，有些饭量小的学生吃三两馒头，买四两必然剩一两。食堂又不给学生提供加热饭的服务，学生一周才能回家一次，你不让他扔掉，让他放在书桌里，馒头不也会坏掉吗？于是，我们开始研究如何让食堂的服务更加贴近学生的需求。之后，一两一个的花卷、半两一个的包子全都上了餐桌。这样，校园里很少再见到扔馒头的现象了。

还有一次，新学期刚刚开学，下午第一节课，住校的学生迟到的多了起来。有人找到我，希望严肃校纪，惩治一下这股来势有些强劲的违纪风，甚至惩治的方案都有了：迟到一次批评，两次通报，三次停课反省……我没有表态。不是我特别高明，而是我不相信会有这么多学生突然间冒出来与学校"作对"。我还是希望大家能查一查背后的问题。他们果然发现了一个问题：因为学校扩大招生规模，学生公寓每层楼的床位从144个增加到216个，而每层楼上的洗漱间不仅没有增大，反而还有近20个坏掉的水龙头没有修好，学生午休起床后全都要排队洗漱，排在最后的同学就难免迟到。于是，我们马上修好了坏掉的水龙头，而且还在洗漱间的空闲处新增加了一些水龙头。这样一来，惩治学生的规定并没有出台，迟到的问题也得到了圆满解决。

在我们教育局机关，每月都汇总一个工作月报，记录教育局内部一个月内发生的大小事情，从宏观规划到具体工作的落实，足有几十个项目，其中有一项是对电话费的分析。

　　具体说来，就是把每月人均电话费最高的某部电话的通话情况全部调出来，让通话人自己分析电话费居高不下的原因。有一次，一个青年人发现，一个月内整个办公室的电话通话中竟有三分之二是他打给自己恋人的，平均每天他和远在省城的恋人长途通话达十几次之多。他有些吃惊，更多的是不安。其实，对这样一个举动，如果仅仅从节约费用的角度思考，可能有些微不足道，因为我们要解决的是更重要的问题。对那个青年人，我们没有过多地批评，倒是首先给了他一个祝福——因为青年人谈恋爱本身正是我们希望见到的，但我们担心的是，每天这种次数不对等的通话，会不会造成对方的恋爱倦怠。热恋也该有方法。这样看来，电话费用居高不下的背后，隐藏着恋爱的危机。于是，我们安排一些有经验的"过来人"给青年人上了一课。

差一点儿与多一点儿

2005年农历正月初八，是我们春节后上班的第一天。因为高考艺术专业考试报名人满为患，我一大早就来到市招生考试办公室研究对策。

上午9点钟，当我正在和招生办的负责人一同商量事情的时候，电话铃响了，是教育局的一个科室打来的，要求招生办派人去拿春节礼品。接电话的人觉得有点儿莫名其妙，都过了春节了，怎么还有春节礼品？追问起来才知道，是教育工会每年送给下属部门领导的爱人的慰问品，一点儿小意思，只是节前没法送达，一上班就忙活着下通知呢。

我心里感到很不舒服，回去一调查，发现当事人还蛮有理由，因为节前他安排专人去送过了，只是招生办的人早已放假，所以，事情就搁下了，一搁就搁过了春节，他也是上班后才知道的，你说有什么办法？

无独有偶，事情还没有完，不期而至的一个短信又让我哭笑不得：一位老同事在短信里感谢我，说是节后上班第一天，就收到了我送去的潍县特产脆皮萝卜。我又一次蒙了，这不也是节前的事吗？因为没有时间去看那位退休的老同事，只好安排别人在春节前送两箱萝卜去。不想，过节都一周了，萝卜最终还是迟到了。

我没有再追问事情的原委，因为我知道萝卜迟到的理由可能很多。本来挺好的一件事情，就因为当事者做得差了那么一点点，于是，失之毫厘，谬以千里，再也无法达到我们当初设定的目的了。

曾经看到一则消息说，武汉市鄱阳街有一座1917年修建的6层洋楼，在这座楼度过80个春秋后的一天，该楼的设计者——英国一家设计事务所远隔万里来信一封，告知楼的主人：这座楼为本所1917年设计，使用期限80年，现已超期服役，敬请业主注意。

顾客就是上帝，不能仅仅喊在嘴上，要落实在腿上，要踏踏实实地做出来。80年之后仍然不忘自己的客户，顾客至上才不是空喊的口号。其实，卓越，常常并不需要多做很多；失败，往往做得只差一点点罢了。

许多时候，我们做起事情来总是差一点点，然而，正是因为差了那么一点点，我们却不知失去了多少。

记得刚担任班主任的时候，曾和同学们商量在班里搞过一阵子"杯水行动"，就是为刚刚上完课，马上又到我们班上课的老师准备一杯开水。因为课间时间很短，老师们有时候还要帮助同学们解答问题，所以，经常连水也不能喝上一口就又开讲一个新的45分钟。结果，老师们都十分感动，在我们班上课也格外卖力。"杯水行动"是一件小事，但小事却常常可以产生我们意想不到的效应。

做校长之后，曾在学校里制定过两条"特殊职责"。一条是要求值班的学校领导每天晚自习之后到办公室里"赶"老师们回家休息；另一条是要求校医随时把生病老师的名单提供给学校领导，以便安排他们休息。因为如果没有这样的"特殊职责"，老师们往往熬到深夜，甚至对自己的病情隐瞒不报。由于我们有比一般学校略多一点儿的制度，所以比较好地保护了老师们的积极性。

生活当中有许多事情，我们做起来总是差那么一点点。

因为工作原因，我比较注意公共场所的一些招贴。最近看到一组贴在洗手间里教导人们如何洗手、如何讲究卫生的招贴连环画，觉得很是耐人寻味。因为按照洗手的一般常规，用水把手弄湿之后，应该是先关掉水龙头，然后再进行双手的搓洗。结果，我们的招贴画里却省掉了这一步，没有关掉水龙头的步骤。尽管我们的招贴画培养的是卫生意识，可是，不要忘了，差了这一点儿，就潜移默化地"化"掉了人们节约资源的意识。

说说不能"而已"

当我们已经十分清楚服务态度对企业兴衰的重要意义，但却只是对服务态度提出一些笼而统之的要求时，沃尔玛早已提出了"三米微笑原则"。他们规定，好的服务态度，是在顾客距离自己三米远的时候，就必须保持微笑。而麦当劳比沃尔玛有过之而无不及，他们明确规定了微笑的标准为"露出八颗牙齿"。

想想我们的一些规矩吧。一些单位或学校规章制度很多，有的已经汗牛充栋，有的可以车载斗量，可是，真正将制度落实到底的又有多少？

我们的一些城市，到处都有不准这样、不准那样的提示，可是，你若真的这样、那样了，也没有什么人理你。我们树起了满大街的公告牌子，各种公约、规范在大街上随处可见，可是，连树牌子的人都弄不清为什么要树这些牌子。

著名管理咨询专家余世维先生曾经讲述过他在德国的遭遇。有一次他到一位德国朋友家做客，主人问他喝什么，当得知他喝白水的时候，又问他喝多少，他随意要了一杯。结果，当他起身告辞时，却因为杯中的水没有喝完而被主人毫不客气地留下。主人很认真地说，如果喝不完一杯水的话，为什么你却一定要一杯，要知道，这是我们德国人最宝贵的资源。

他终于明白了，在德国人面前，"说说"是"而已"不了的，必须做好了，才真的能够"而已"。

看到一份材料，是介绍美国一所学校关于"利用黑板"的几项规定。这些看上去微不足道，常常被我们忽略的东西，在校园里却往往有意想不到的作用。文字不多，不妨抄录如下：

检查板书字号的大小，确定坐在最后一排的学生能看清楚。

利用上半部分。只有确定后排的学生不会被前排同学挡住时，才使用黑板的下半部分。

列出上课计划。将要讨论的问题写在黑板上，这样，你对这些问题做出回答时，学生仍然能够看到问题。

在黑板上写字，背对着学生时就不要再讲课了。

尽量课前在黑板上写好板书内容，使学生对将要上的课的内容纲要有个大致了解。

将学生的话写在黑板上。

让学生有机会在黑板上写字。

慎用黑板擦。在擦去学生所说或所写的观点之前，再进一步强调这些观点的价值。

简明扼要，一共八条，条条叫我们当过教师的人不得不佩服其想得精明而周到。我们也有百年老校，也有开拓进取的学校领导，但对黑板的使用有谁如此认真地做过研究？大部分学校的评课标准里，对板书的要求不过就是认真、讲究艺术一类的模糊概念，对黑板使用的要求则更是不甚了然了。

曾经到一些学校考察工作，发现学校里到处写着一些耳熟能详的口号，如"一切为了学生，为了一切学生，为了学生的一切"。当我们深入与校长、教师探讨其中的"一切"时，许多人表现得茫然不知所措。写写而已，说说而已，何必如此较真呢？

曾经听过一个真实的故事，1990年代初期，高震东校长来大陆讲学，介绍了他在学校里进行的教师对学生的"点名达标活动"。他要求教师在新生入学一周后认识全部学生。为此，学校每年要进行一次教师与学生的面对面考核。高震东校长认为，良好的教育效果来自良好的师生关系，师生之间大量的接触是教育效果的基本保障，点名达标活动正是保证他们学校成功的关键。可是，同样的名点达标活动，在大陆的一所学校里却遭到了许多教师的抵制，校长甚至被扣上了"生搬硬套""盲目模仿"的帽子。在他们看来，"教师要尽快认识学生"确实不错，但学校只要号召一下就可以了，至于什么时间真的能够完全认识，只能悉听尊便。如果真的认真起来，让教师与学生面对面考核，岂不太伤师道尊严？

难怪我们不太害怕大会上领导们的口若悬河，不太计较领导们对我们的"严格要求"，原来，他们只是说说而已，起码，我们视之为说说而已了。

改到深处是制度

在一个新课程评价项目研讨会上，老师们对考试的无奈引起了我的注意。应该说，我们的试题从内容到形式都已经没有太大问题，比较贴近新的课程理念了。那么问题到底在哪里呢？

与老师们坐下来深谈，才明白个中原委。原来，在一些学校里，每次考试的成绩都要汇总到年终对教师的综合考核里去。新的课程文化要求教师关注学生未来的发展，每一个教学活动都需要从长计议，可学校评价教师的办法却使得教师不得不直面每一次考试。是以一次次的考试为目标，还是着眼于学生未来的发展，为学生的终身发展奠基，这给老师们带来极大的困扰。

其实，这不仅仅是一个如何评价教师的问题，更蕴涵一个如何评价学生的问题。理念的转变绕不开固有的制度制约。课程改革到今天，制度的改革、制度的创新已经迫在眉睫了。

我们的新课程实施已经快三年时间了，新课程的三维目标，特别是把学习的过程还给学生，在许多研讨会上被炒得如火如荼，但是在不少学校，我们经常可以发现这样一些规章制度：仪器室是不允许学生随便进入的，而实验前仪器、用品的摆放则是实验员的职责。这样的制度规定怎么能够保证把学习的过程还给学生？而没有属于自己的学习过程，学生又怎么能够获得属于自己的体验，怎么可能在体验中领悟？

毫无疑问，我们主张的是学生的自主发展，但我们评价班主任的工作，还是"三跟、四查、五到位"，让他们时时跟在学生的屁股后面，处处做学生的保姆。只有这样的班主任才有可能得高分，才有可能被评选为优秀班主任。这样的制度已经远远背离了教育的初衷。

我们担负着培养公民的责任，让孩子们在经历民主的过程中形成民主的意识是教育的责任。但是，我们的校规校纪，甚至班规班法，却是在学生全然不知的情况下制定的，然后突然就拿到学生面前。其实，学校是一个社会的缩影，学校规章制度的出台，是不是也应该先搞校园听证制度？

怎么办？怎么让制度服务于我们的改革，让制度成为学生健康成长的保障？

后来，我们开展了一个学校制度评估活动，对学校管理制度进行大梳理，查找影响学校教育生产力的生产关系到底有哪些。

教学质量的评价标准是老师们特别看重的一项。单纯以分数评价学生，同时也评价教师，教学的短期行为就在所难免。

什么是好教师？什么是好学生？这类问题在校园里格外引人注目。评判的标准应该来自哪里？这本身就是衡量我们教育观的重要课题。

部门职能的界定、出发点与落脚点都有可能引发我们的哲学思考。如果我们设立一些部门仅仅是为了学生以外的事情，这些部门存在的必要性就值得怀疑。

不承想，制度梳理最终梳理到我们自己头上，好多制度不好的根源就在我们教育行政部门。

我们有规范化学校的评估方案，但这个方案的许多指标已经严重制约了学校的发展。不看环境、条件，不论城乡、规模，一个模子套下来，学校看上去是规范了，但教育资源的浪费却触目惊心。学校失去了自主发展的权利，失去了个性发展的空间，千人一面就难以避免。

我们有教学能手的评价标准和评选办法，但这些标准与办法都过于学科化，与新课程的要求相去甚远。我们有优质课的衡量办法，但这些办法的着眼点还是在课堂或者教师身上，对学生的关注还远远不够。

我们有考试制度，但我们只重视考试结果，对过程却没有评价，对学校业绩的评价当然也是重结果而轻过程。显然，这与我们新的课程理念相去甚远。

改到深处是制度。说到这里，我们已经十分清楚，学校制度创新已经成为我们没法回避的一个现实问题了。

第八辑 —————————————————————

做希望经销商

不要混到划船的队伍中去

1993年，新学年开学不久，县教委到高密四中召开表彰大会。我和到会的几位领导正在办公室里商量事情，这时，一位负责布置会场的老师跑到办公室里，抱着两个不知是谁送来的大花瓶，看到我第一句话就是："校长，这两个大花瓶该放到哪里？"我不假思索地回答了一句："谁安排你的就找谁去。"这位老师会心一笑，走开了。

坐在一起的几个人都以奇怪的目光看着我，我也笑了——我知道大家目光中的含义。说实话，我不是不知道花瓶该放到哪里，而是我不能破坏规矩——我不能越级指挥，他也不可以越级请示。

每一所学校都像是一条在海上行进的大船，校长就相当于船长。所有的人都急于让船前进或者前进得更快，在这样的氛围里，校长本人最容易加入划船的队伍中去。其实，校长不应该划船，他应该是舵手。

也许有人会说：你也太小题大做了，告诉他花瓶放在哪里，还能给你的管理带来什么巨大的破坏吗？我承认，单纯就事论事，这是没什么大不了的，但问题在于，由此可能引发一系列问题。譬如，当真正的会场主管人要那位放花瓶的老师改动花瓶位置的时候，那位老师会不会说这是校长的决定？再者，那位会场主管人听到这样一个消息后，会不会从此缩手缩脚，变得事事请示校长，使这个中间执行层的职能萎缩？这样的事多了，不仅放花瓶的，还有烧锅炉的、剪草坪的，全都有理由跑到校长那里请示一些看上去不好决定的事情。这样一来，校长最终就不再是校长了，因为他做的事情已经不是校长应该做的了。

所以，我们的规矩很明确：员工可以越级汇报，但不能越级请示；与之相应的是，领导者可以越级检查，但不能越级指挥。

校长似乎有理由"懒惰"一点儿了。

如果研究一下历史，我们就会发现，很多政治上高明的领导者，都是有些"懒惰"的。以一般人的眼光来看，他们好像《呆伯特法则》一书里面的主管，明明什么都不会，偏偏官运特别亨通。领袖不一定是最聪明、能力最强的人，最重要的是，领袖要有宽广的胸怀，大胆授权别人去做，事情一样可以完成。

1910年，美国钢铁大王卡内基聘请了一位不懂财务、不懂钢铁制造，也不懂营销的人当总经理，年薪是50万美金。当时大家都很纳闷儿，那个人什么都不懂，卡内基为什么还要用那样的高薪聘请他来当总经理？他究竟有什么能耐呢？原来，这位总经理每天就只做一件事：他不断地请各部门的人员来开会，请他们就自己负责的工作提出看法。然后，在大家热烈地发表意见之后，他就问一个问题："还有没有更好的方法？"可以想象，这句话问出之后，大家自然而然就继续探讨更好的方法，因而产生了许许多多以前从来没有想到的创意，并发现事情果然可以做得更好，办事的效率自然也就提高了许多。

所以，我不断地向大家推销这些分权、分责的文化，把担子压到每一个人的肩膀上。那时候，学校领导层里时兴一句话："还有没有更好的办法？"于是，还真的就生出许多好主意来。

做希望经销商

拿破仑·波拿巴说，一个领导者就是一个希望经销商。这个希望，在一个团队中，既包括团体的希望，也应该包括个人的希望。这也正是麻省理工学院彼得·圣吉博士所说的共同愿景和个人愿景。

有一部取材于古罗马奴隶角斗士的电影，名叫《斯巴达克斯》。英勇善战的斯巴达克斯在克拉斯将军的长期包围下，最终还是被打败了。在几千名被俘者面前，克拉斯说："你们曾经是奴隶，将来你们还是奴隶，但是罗马军队慈悲为怀，只要你们把斯巴达克斯交给我，就不会受到被钉死在十字架上的处罚。"一段时间的沉寂之后，斯巴达克斯站起来说："我是斯巴达克斯。"然后，紧靠着他的人站起来说："我才是斯巴达克斯。"下一个人也站了起来："不！我才是真正的斯巴达克斯。"仅仅一分钟的时间里，队伍里的每一个人都站了起来。是什么力量使他们站起来直面死亡这一选择？恰恰就是"共同愿景"，就是斯巴达克斯所提出的、他们为之奋斗的目标：有朝一日可以摆脱奴隶的地位，获得自由。这个"愿景"是如此深入众奴隶之心，以至于宁可牺牲宝贵的生命也没有人愿意放弃它。而那个克拉斯所犯的一个致命的错误就是，他给奴隶们的最后开价不过还是奴隶而已。所以，在一个团队中，管理者的职责就是要及时给大家提出一个共同愿景，为大家带来希望之光。没有希望，就不会有动力。

因此，学校发展比较健康之后，我们开始思考怎么为师生员工提供新的动力。于是，在1992年的教代会上，我们提出用三到五年的时间把高密四中创办成齐鲁名校的办学目标。我们在办学思想、教育质量、队伍建设甚至学校文化方面都做了一些具体的规划，提出了比较明确的奋斗目标，而且把这些目标具体分解到每一个岗位上。这样，抽象的目标就变成了形象的愿景，经过教代会反复论证后，我们将其写在了学校规划和教代会的报告中。在那段时间里，几乎没有人叫苦喊累，之后每一年的教代会都开得有滋有味，大家都在自觉地用那个美好的愿景去审视自己和周围人们的工作，他们都不自觉地在估算自己所负责的工作与那个美好愿景的距离。

最让我感动的是一位女老师，她爱人是一位军人，随军的机会对她来说应该是十分宝贵的。可为了齐鲁名校的目标，她一次又一次地放弃了与爱人团聚的机会。后来，她告诉她的同伴说，因为她是一个学科的带头人，她很清楚，一旦她离开了，这个学科距离齐鲁名校的目标就会有一个很难在短时间内弥补的差距，她希望一直坚持到这个学科成长起骨干教师来为止。当然，我们没有让她那样做，最终她还是在我们和部队首长的"命令"下带着遗憾离开了学校。但是，她的心却没有离开学校。老师们不时地会收到她寄来的学习材料，学生们则经常得到她来自千里之外的鼓励。有一年，她还从原来自己就读的大学里请来免费讲学的学者、教授，并让我们这所地处农村的学校与大都市里的名校结为姊妹学校。

当然，好的共同愿景往往需要与具体的个人愿景结合起来，才能激发巨大的动力。正如汉诺瓦保险公司总经理欧白恩所观察到的："我的愿景对你并不重要，唯有你的愿景才能够激励你自己。"因为对共同愿景的真诚关注往往根植于个人愿景。这是一个简单的道理，却又是一个容易被人们忽略的常识。因此，如果你有意在团队中建立一个共同愿景，首先就应该持续不断地鼓励你的部属发展自己的个人愿景。

正因为如此，在学校里每个学年我要老师们制订教学计划的同时，总是要他们制定一份个人学年发展目标。对那些个人学年发展目标制定得不够好、不够具体的教师，还要批评。发人深思的是，在这种情况下，不管你怎么批评他，他总是乐于接受。此外，就这个目标我们每年还要组织一个自查、互查活动。如果你的发展结果和目标有比较大的距离，就必须和校长说清楚。说清楚的过程就是自省的过程，就是进一步明确个人愿景甚或共同愿景的过程。如果你翻开我前面提到的那位不肯随军的女老师的个人发展目标，就会发现，第一年的目标，她整整改了三轮。我们不断地让她知道她身上蕴藏着巨大的能量，她应该发光发热。在我们和她共同发掘她的能量的过程中，她不仅提升了自己的愿景，甚至改变了她原本有点儿自卑的性格，她为此兴奋不已。

著名管理思想家玛丽·帕克·福莱特说："最成功的领导者是能够看到尚未实现的前景的人。"你看到了，然后你再把它推销给你的部属，那么你距离成功就更近了一步。

难怪美国的经理人鲍伯·加尔文说："我认为领导者的最终工作就是传播希望。"

把保健因素转化为激励因素

刚当校长的时候，我在教师的"房子""妻子""孩子""票子""炉子"上大做文章，此举被媒体称为"五子登科"，对调动教职工的积极性确实起到了很好的作用。在比较短的时间内，老师们的热情就起来了。

但是，很快我们发现，教师也有"三分钟热度"的问题。慢慢地，他们对一开始满腔热忱的东西变得冷漠了许多，甚至有些人已经表现出了很多不满。于是，我们学校管理层出现了争议。有人甚至认为，教师是贪得无厌、永远不会满足的。

这时候，马斯洛的"需要层次理论"帮了我们的大忙，对我们统一思想起了至关重要的作用。它使我们明白了人的活力是与需要连在一起的。一个人如果没有需要的提升，也就没有工作的动力。正确认识被管理者的需要，不断调整管理的方法，努力创造条件以满足教师新的需要，特别是精神上的需要，这是学校管理水平提升的重要标志。一位管理者如果不明白被管理者的需要，特别是精神上的高层次需要，就很容易带来决策的盲目。

我们不再仅仅在提高教师的生活待遇上做文章，而是把物质的东西尽可能转化为精神上的满足，把保健因素转化为激励因素。

"功勋四中人"是我在高密四中开发的一个比较成功的项目。在这之前，我们对优秀教师实行补贴，每月几十元的补贴尽管不多，但在当时的农村中学也算难能可贵了。可是，随着时间的推移，没有什么"名堂"的几十元钱变得越来越无足轻重。从老师们的眼神里，我们已经感受到了其分量的不足。怎么办？增加更多钱对我们这样的学校来说实在是太难了。于是，我们便在教师的精神需要上做起了文章。我们在没有增加多少补贴的情况下，新设立了一个"功勋四中人"的称号，把连续三年晋升校内一级职称的教师称为"功勋四中人"，专门发文件予以表彰，并隆重举行"功勋四中人"授勋仪式。县总工会、县教委的领导亲临授奖，连家属都被请来参加这个仪式。在这样一种隆重而热烈的气氛中，有些教师激动得流下了热泪。在此基础上，我们又一年两次评选"我最爱戴的老师"，评选"既是严父，又是慈母"的优秀班主任和老师，把这些老师的照片登在光荣榜上，并通过媒体宣传提高他们的知名度，扩大他们的影响，让每一位获奖者获得巨大的成就感和自豪感。而那些兢兢业业、默默无闻在平凡岗位上做出不平凡业绩的教师，学校也没有忘记他们，专门开辟"在四中的校史上也有您一份功劳"专栏，宣传他们，肯定他们在学校发展中不可替代的作用。

　　当人们生理的需要得到满足的时候，必然会产生更高的精神上的需要。一个管理者必须了解这一点，这是我们做好管理工作的前提。

把成功设计成一种危机

1996年，是我到高密一中后的第一个高考丰收年。对一所高中学校来说，这不能不说是一件令人振奋的大事。在家长、社会的一片赞誉声中，老师们有点儿陶醉。但我很清楚，丰收的背后有很大的危机。例如，艺术教学明显薄弱，理化学科成绩平平，文科学生上重点大学的比例偏低，等等。如果在这个时候指出我们的问题，果断地向成功开刀，既不会影响老师们的情绪，又可以给大家浇一点儿凉水，防止他们头脑发热。于是，我们在全校范围内及时开展了"查查身边问题，找找自己弱点"的活动。事后，老师们说，不找不知道，一找吓一跳，我们的问题还真的不少。

这一活动给全校教职工带来的是冷静的态度和踏实的作风，老师们又以崭新的面貌去应对全新的挑战。

向成功开刀，把成功设计成一种危机，是给自己的一个善意的提醒，这个时候其实也是你最能听进反面意见的时候，不要错过时机。当你真的失败了的时候，也许倒不宜轰轰烈烈地总结教训。古人说的"闭门思过"，指的大概就是这种时候。

向成功开刀，有时候可以帮你重新把握成功的内涵，加深对成功的理解。

我们有一所小学，搞了一个"快速作文"的实验，被列为相当级别的实验课题。三年下来，实验的结果叫校长高兴，让家长放心，不仅学生的作文成绩直线攀升，而且报刊上他们发表的习作随处可见，专家们的实验鉴定也给予了高度的评价。不管是谁去这所学校，校长都会带着客人去班上欣赏孩子们关于快速作文的"表演"。这样看起来，实验似乎是成功了。

后来的一件事却引发了我们对这项实验的反思。在一个教师培训班上，一位外校的教师要给培训班上一节示范课，上课使用的学生就是这所实验学校的学生。示范课上有一个当堂作文的内容，谁知不到一刻钟，全班学生无一例外都完成了任务，有的学生甚至主动做了声情并茂的"朗读表演"，着实给授课者脸上增光不少。示范课上得精彩、风光，台上、台下兴致盎然，示范课看来是成功了。可是，那位授课的教师事后却非常苦恼地告诉我，这样一堂看上去似乎是成功的示范课，却叫他忐忑不安。因为他发现全班近60名学生，有一半学生的作文内容是雷同的，其余的也大都是假话、套话、空话。表面上课堂教学的成功，隐藏着教育的失败。

我们终于发现，"快速作文"实验的"成功"，只是对某种理论"注释"的"成功"，失去了对学生真情实感的尊重，更不顾说真话、抒真情的语文教学规律。没有学生的成功，任何热闹的实验都不会真正地成功。

于是，我们从解剖这个"成功"的实验开始，逐一研究我们承接的若干个教科研课题，重新思考成功的真正含义，重新为成功定义，成功显得实在了许多。

哈佛大学教授本杰明·弗里德曼有一句话："把现状设计成危机是一种策略。"向成功开刀，其实是一种创新的思维方式，也是一种能够保证事业可持续发展的思路。

第九辑 ————————————————

共同走过

对我影响最大的一些书和作者

《人性的弱点》

第一次看到这本书是在济南燕子山下的一个小书店里，当时我正在一个校长讲习班上学习。这本书是"五角丛书"中的一本，五角钱。在书店买到它后，学习班刚好结束，所以这本书是我在回家的火车上一口气读完的。

这是我看的第一本实实在在有关人生导航的书。它告诉你，要赢得人，先要理解人；成功对每一个平常的人来说，都是可望又可及的，只要你付出该付出的。更现实的是，它教我学会了自我调节和理解别人。

一个非常基本而许多人却做不到的思维方式——站在对方的角度考虑问题，是我从中收获的最重要的人生理念。我把这一理念用到学校教育和管理上，于是，就有了"调整教学关系——站在学生的角度思考"这一教改思路。

从1988年买第一本卡耐基的书开始，我已经把能买到的他的书都买了，而且还把《人性的弱点》送给了不少学生和朋友。一个学生读了我送的书后郑重地对我说，是卡耐基救了他。我问：有那么严重吗？他认真地点了点头。

除了《人性的弱点》，它的姊妹篇《人性的优点》也是不错的一本。

《给教师的一百条建议》

我一直认为，这是我看到的第一本真正的教育学著作。

我大学毕业后当了一名高中语文教师，第一次出差时，买到了这本装帧朴素的黄皮书，如饥似渴地读下去，开始真正明白了一点点教育方面的事情。在这之前，我读了一些教育学方面的教科书，但对教育的感觉却一直如雾里看花。

苏霍姆林斯基对我影响最大的是学生观。老师的心目中不应该有坏学生，只应该有心理不健康的学生，这给了我非常大的启发。一个教师不仅应该爱学生，更要学会爱学生，要有爱的艺术，这是他在书中潜移默化给我的最重要的东西。

这本书之后，我又兴致盎然地找来了苏霍姆林斯基的其他著作，诸如《帕夫雷什中学》《怎样培养真正的人》《育人三部曲》。

《安娜·卡列尼娜》

这本书教给我的东西到底有多少，我到现在还没有完全搞明白。读这本书，我与人们通常得到的并不完全一样，有一点似乎对我影响特别大，那就是什么才叫幸福。这个话题老师们早就在课堂上灌输了不少，但事实上我并没有真正弄明白，或者说得刻薄一点儿，是一点儿也没有弄明白。看了《安娜·卡列尼娜》，似乎有点儿明白了。关键时候要勒紧感情的缰绳，不能让它纵横驰骋，这是安娜的教训吗？又不完全是，但旁观的人们似乎这么看，这也可以算是给我的第二点启发。

我特别喜欢书的前半部分，从矛盾的展开到情节的进一步发展，情感的必然和理性的力量，都使读者没有办法改变什么，只好提心吊胆地顺着老托尔斯泰的安排看下去。

《漱玉集》

在大学里，有很长一段时间，我是被"绿肥红瘦"俘虏了的。李清照一切景语皆情语，把感情倾注在细腻的描写之中，她似乎不能自拔，也不让她的读者自拔。

国家不幸诗人幸，家庭不幸词人幸。李清照与其丈夫赵明诚分离时期的作品特别有味。可见，"真"是文学的生命；从另一个意义上说，不真就不要写出来。我从这里开始受到真正的影响。

《爱，是不能忘记的》（张洁）

从文学的角度说，这不是一部艺术性特别强的作品，但它对我却影响很大。我感觉这部书是用心写出来的，作者其实把自己融入了作品里：有时候你可以看到作者的泪眼，有时候则能听到作者欣慰的笑声。作者描写的爱情故事把爱强调到了一个传统作品所没有的高度。作者反复强调"爱是不能忘记的"，既撼人心魄，又发人深思。作者所批判的与所追求的都有明明白白的宣泄，给传统文化以冲击。

张洁很容易让读者从作品中读出她自己，换句话说，她通过作品让人们更深刻地认识她自己。所以，对我产生影响的是《爱，是不能忘记的》，同时，我把作者张洁也列入。

《掌握人性的管理》

这是美国一家化妆品公司老板玛丽凯写的一本有关企业管理的书，书中自始至终强调的是以人为本的管理思想。玛丽凯特别注意人的不同层次的需要，从人本出发，最终走到了管理的巅峰，成为美国优秀化妆品公司的老板。

玛丽凯的一个管理细节给了我很大的启发，她专门到凯迪拉克公司为自己公司里最优秀的营销人员定做了粉红色的轿车，而且将这一款式和颜色买断，使行驶在美国的粉红色凯迪拉克成为玛丽凯公司优秀员工的标志，让骨干员工感受到骄傲，体验到人生的价值。

下面这句话似乎可以看作这本书的灵魂：每个人都渴望自己成为重要人物，管理的成功就在于使每一个人都感到自己的重要。

林清玄、张晓风、余光中、刘墉

我把这几位台湾的作家排在一起，是因为在我眼里，他们属于给我相同影响的一类。

我第一次读林清玄散文的时候，还没有看到有关作者的介绍，因此，我把他当作女作家读了很长时间。细腻、真切的笔调，生动、感人的情愫，叫我毫不犹豫地把他和女作家联系在了一起。而张晓风白描中的厚重、平淡中的哲理，常使我暂时抛开尘世而遐思无限。接下来，我一气读下去，便有了余光中和刘墉。每每读来，我几乎都在感叹：久违了，翻手为云、覆手是雨的驾驭语言的能力！

从这几位台湾作家身上，我更加看清了几千年古典文化的力量。没有古典文化的养育，就不可能有真正属于自己的风格，也就不可能有真正的现代文化。任何对过去文化的全盘否定，往往都和浅薄、无知连在一起。说起他们对我的影响，恐怕在语文教改的指导思想上要更大一些。我主张，在中小学的语文课堂上，古典文学的分量只能加大，不可减轻。这在当时是有争议的，幸好新课程标准发布，替我解了围。

《中国人的道德前景》

我在公开的文字中或私下的场合里都曾不遗余力地向人们推荐过这本到现在还没有真正引起人们重视的书。我把这本书放在这样一个题目下，其实有点儿牵强，因为准确地说，与其说它对我产生了影响，倒不如说它说出了压在我心底的想法。

我们的时代已经把我们青少年的思想"平铺在地上"，我们的青少年正变得越来越现实、越来越讲究实际，而我们的教育却依然在天上飘来飘去。青年人迫切需要的你不给他，你一定要给他的他却并不买账，这样问题不就来了吗？这本书告诉你，如何把握人们的思想脉搏，讲一些既实实在在、明明白白又言之有理、情有所依的道理，可能对拉近我们和青年人的距离非常有益。

时代在变，社会亦在变，而我们的道德前景却没有得到很好的调整，教育者的责任显得十分重大。

《木偶奇遇记》

第一次读这本书是在不应该读到这本书的特殊年月。那时我正在读初中，出于人所共知的原因当时并不怎么学习，大一点儿的同学忙着写大字报，我和另外几个同学则忙着读一些被撕掉了封面的书。这本书就在其中。

这本书教给我的是什么？

第一次读的时候只是感到好玩。一个好玩的皮诺曹，每说一句谎话，鼻子就长出长长的一截；一旦逃学贪玩，就长出驴子的耳朵，变成世界上最蠢的动物。有意思！它用小伙伴们都喜欢的方式跟你说话，所以书是一口气读完的。后来回忆起来，觉得大该这就算是教育吧。

到上大学的时候，正赶上出版界拨乱反正，这本书刚好再版。拿一本随便翻翻，发现主人公的名字已被翻译为皮诺乔，正是初中读过的那本没封面的《木偶奇遇记》，我这才弄明白这本书的名字，于是毫不犹豫花三毛二分钱买下了一本。这时候再来读，我发现有点儿读不下去，总感到写得荒诞不经、滑稽可笑，怎么也找不到少年时的感觉了。

后来教书了，我尽力让我的学生读一些他们这个年龄段应该读的书，因为一旦错过了适当的年龄，有些书也许一生就不再读了——不是没机会读，而是没有了阅读的欲望，正如不少成年人看卡通片时的感觉。

再后来，有了儿子，我开始研究不同年龄不同的阅读需求，果然受到很多启发。

《奇袭白虎团》

我看到的《奇袭白虎团》是一本小画册。如果让我选"我最喜欢的书"，我肯定不会把它列入其中，但如果要谈对我读书生活的影响，就不能不提到这本书。

上小学的时候，我终于遇到了一位上过师范的老师，他因为意外事件被下放回老家，我有幸做了他的学生。他第一次到我家家访时，力劝我父亲给我买一些课外书看。于是，在一个雪后的冬日里，父亲用自行车驮着我到县城的书店，花一毛二分钱买了这本当时样板戏电影正大行其道的连环画故事。书在半道上就被我看完了。一到家，我买书这件事立即就成了全村少年伙伴们都关注的重大新闻，我敢说全村的小伙伴们都看过这本书。

这本书使我第一次知道，除了课本之外，还有更好的东西可以看。它开启了我的课外阅读生活，使我逐步走上了热爱学习的道路。

连环画本身并没有给我多少东西，但我永远也忘不了的是，它成为我真正的读书生活的开始。

擦亮"第三只"眼睛

2005年，我的读书生活更多的是为了擦亮教育的"第三只"眼睛。因而，我的选择显得有些特别：我读得比较完整而又能够促使我行动的大都是一些企业管理方面的著作。

学习型组织理论创始人彼得·圣吉曾因其著作《第五项修炼：学习型组织的艺术与实务》备受赞誉，实际上，他的另一部优秀作品《经受考验》才是体现他核心思想的代表作。该书以"学习型组织"的理论为基础，揭示了长期以来西方高层经理人抱怨的"我们不能从自己身上学到东西"，也就是说创新的实践无法在他们自己的组织内普及的原因。这也正应了我们常常说的那句"墙里开花墙外香"的老话。

彼得·圣吉认为，创新的实践不可能自发地普及，你必须考虑将经验标准化。沃尔玛为什么会成为世界500强第一？麦当劳、肯德基为什么能遍布全球？原因就是它们把经验与流程标准化了。

于是，我们不再抱怨"墙里开花墙外香"，而是开始把那些富有推广价值的经验标准化。其中既有躬行者的反思，也有专家学者的审视。只有大家都能按照设定的标准去做，大批量生产才成为可能。慢慢走下来，花香竟也在墙里弥漫开来。

另一部著作是迈克尔·哈默的《新组织之魂》。迈克尔·哈默在书中的许多论述，今天正在我们的眼前变成现实。这位被公认为"企业再造之父"的世界著名企业管理思想家，他理想中的企业组织应该从过去"企业是'头脑'而员工是'双手'"的文化中脱胎换骨，大公司不再与小公司迥然不同，大公司里的每一个员工都应该像小公司里的人那样去思考和行动。他认为，在小企业中，不需要有人指指点点。为顾客服务并为他们创造价值，意味着公司把每一个员工都看作负责整项工作的专业人员，而不局限于负责工作职责内的那一小部分工作。你应该知道怎样做到最好，你有义务为顾客服务，而不是一味等待老板的批准、许可。

统计数据告诉我们，小企业越来越多地成为市场的中坚力量。在我国香港29万家注册的公司中，雇员少于100人的占99.3%，而在美国，这一数据是98%；在我国香港，少于10人的公司已占87%，而在美国则有86%的公司少于20人。我国内地的公司发展趋势也是这样，这样的公司当然需要迈克尔·哈默论述的企业文化。

我不可能去创办这样的公司，但却从迈克尔·哈默的论述中受到启发。这实际上是一位未来的老板向我们提供的一份用人清单中的质量标准。把这样一些标准运用到我们的职业教育中，就有了从培养目标到课程、教材、学制的改革。2005年，潍坊开始了职业教育新一轮的静悄悄的革命。

喜欢彼得·德鲁克本来是因为他的《卓有成效的管理者》。2005年，他的一本回忆录《旁观者：管理大师德鲁克回忆录》又走进了我的读书生活。

这是一本有些独特的回忆录，因为它记录的完全是其他人物的故事，而作者本人在书中始终冷眼旁观。不过读到最后，你会明白，作者在书里始终藏着一双冷峻而犀利的眼睛。细致入微的体察、入木三分的解剖、无处不在的反思，都使他成为一名学习者而非旁观者，别人的间接经验与教训成为他获取巨大成功的翅膀。你不得不佩服他——一位既像狮子更像狐狸的智者。

作者曾经很诙谐也很认真地说过，20世纪50年代，他曾经研究过大学所开设的所有课程，发现其中只有两门对培养管理者最有帮助：短篇小说写作和诗歌欣赏。诗歌欣赏可以帮助一个人学会用感性的、富有想象力的方式去影响他人，而短篇小说写作则可以培养人对人以及人际关系的细致入微的体察能力。事实上，作者正是在"旁观"中修习了这两门对他最有帮助的课程。

原来，与人交往也可以成为帮助一个人成长的理性课程。过去我有些很朦胧的想法被德鲁克说清楚了。

很幸运，2005年，《哈佛商业评论》进入了我的视野，于是，市场精神、精益教育、菜单式自主培训自然进入了潍坊的教育决策。还有，路长全的《软战争》告诉我们"不要用管理骆驼的方法来管理兔子"，哈罗德·孔茨与海因茨·韦里克的《管理学：国际化与领导力的视角》使我坚定了进行以质量管理为导向的学校管理体制改革的构想，而余世维先生的《赢在执行》甚至成了我们再造机关文化的指南。

跳出教育看教育，需要擦亮我们的"第三只"眼睛。

共同走过

寻找当教师的理由

我第一次见到《人民教育》是在参加工作的第一站 —— 高密四中。

1980年12月，当我用自行车驮着铺盖卷来到潍河岸边的那所乡村中学的时候，我才意识到，今后的日子，看来就是像春蚕一样的生活、红烛一样的人生了。说实在话，在这之前，我确实没有认真想过自己的未来。尽管学的是师范，可从未想过要当一名教师，至于将来到底要干什么，自己真的是懵懵懂懂。

报到的时候，正是县里召开高考表彰会议的前夕，四中被指名在会上介绍经验。校领导见来了个中文系毕业的大学生，二话没说，就把写材料的任务压给了我。这下可难坏了我，不用说总结高考经验，就是让我谈谈教学常规也不见得在行，再加上人生地疏，对情况不熟悉，这经验可怎么总结！

老校长见我有些为难，就给我找来了一大堆材料，同时，顺手把办公桌上的一本刊物也交给了我。我一看，正是刚刚出版的《人民教育》第12期。

打开杂志，一篇诗配画《红烛吟 —— 献给人民教师的歌》最先映入我的眼帘。

诗写得有点儿慷慨激昂，很合乎一个20岁青年的胃口。我记得其中有几句话大概是这样写的："送走过几轮明月，迎来过几道朝霞？我沉思地望着您粉笔灰染白的头发。您教我们认识了书中的大千世界，江南塞北都飘着您的桃李芳华……"

20岁，是一个喜欢诗也极容易被诗感染的年龄，于是我开始模仿这样的文字写一些激情澎湃的诗句。我记得，在那些日子里，我每天晚上都要胡乱写上几句，还为之取了一个漂亮的名字，叫作"我唱我的歌"，整整写了一个系列，寄到了《人民教育》。尽管我收到的不过是客气的退稿信，但这个写作的过程，正是一个寻找当教师的理由的过程。你要写一些文章去说服别人，写一些诗歌去感染别人，你首先要挖空心思去搜集、去思考，时间长了，自然就受到了教育。

慢慢地，我似乎把自己说服了，沉浸在校园里，倒也其乐陶陶。

看书读书是每个人一辈子的事情

见习了一个多月的时间，1981年2月，春季开学后，我被安排到82届毕业班教语文课。

因为高考备考的原因，学校图书馆早就紧紧地关上了大门，没有阅读的校园生活显得格外枯燥。加之刚从大学的图书馆里走出来，对比之下，我有些按捺不住了。

恰在这个时候，我又读到了《人民教育》刊发的一篇教育杂谈《谈教学的着眼点——从叶圣陶同志的一封信谈起》，文中引了叶圣陶先生给作者的信中的一段话："……我要告诉你，语文老师不是只给学生讲书的。语文老师是引导学生看书读书的。一篇文章，学生也能粗略地看懂，可是深奥些的地方，隐藏在字面背后的意义，他们就未必能够领会。老师必须在这些场合给学生指点一下，只要三言两语，不要噜里噜嗦，能使他们开窍就行。老师经常这样做，学生看书读书的能力自然会提高。教的虽是一篇一篇的课文，目的却在于使学生善于读其它的书。看书读书是每个人一辈子的事情。"我特别喜欢信中的一句话，就是"看书读书是每个人一辈子的事情"。既然事关学生一辈子的事情，既然语文老师"是引导学生看书读书的"，我就完全有理由和学生一同读书。

正像后来一些学生回忆学校生活时所写的那样，我当时住单身宿舍，床铺底下满满的都是书，为了使床下能放下更多书，我只好用砖头垫高了床腿。一些因枯燥的学校生活而备感煎熬的同学便盯上了我的床底。于是，我开始把我喜欢学生也喜欢的书借给那些"盯上了我的床底"的同学。同学们互相转告，很快，我的宿舍变得热闹起来……

我记得那个时小娅很有些诗人气质，她把我收藏的诗歌与散文集全都读了个遍。还有那个陈其，有事没事就去找他那位与我同宿舍的班主任，一进宿舍，眼睛就瞄上了我那床底。他似乎很喜欢小说，但在那时读小说是大逆不道的，他点子倒是蛮多，说是替他的表哥借一下，看完马上送还。

非常不幸的是，连续两次，教导处的老师在自习课上抓到学生读课外书，书上都写有我的名字，源头都在我这里。于是，校领导找我谈话了。他们明确地告诉我，这样下去会影响全校的高考：学生忙着读一些于高考没用的"闲书"，考不上大学谁负责？

我当然负不起这个责任，于是"地下图书馆"只好暂停"营业"。

这样一来，同学们不答应了，而且，我也开始感受到了阅读给学生带来的语文水平的提高。但是，人微言轻，我没有办法说服别人。

后来，我想了一个办法，把地下阅读转向公开，把阅读的剂量变得小一点儿，把阅读的内容编排得科学一些。这就是后来的"每天10分钟"课外阅读活动。

我和学生共同搜集可供阅读的材料，归类整理，加上阅读提示，印出后，每天定时发到学生手里。因为每份材料占用的阅读、思考时间大约在10分钟，所以我们就将这一活动命名为"每天10分钟"课外阅读活动。

这项活动进行了很多年，给同学们留下了深刻的印象。

20年后，我的一些老学生在回忆起他们的语文学习生涯时常说：老师，幸亏你告诉我们"看书读书是每个人一辈子的事情"。

我说：不是我说的，是《人民教育》告诉我的……

我的特级教师梦想

1985年9月，我被任命为学校的副教导主任，恰好这个月《人民教育》的封面上刊登有特级教师斯霞的大照片。如果我没有记错的话，这是《人民教育》自复刊以来第一次把一位教师的照片放大刊登在封面上。

那是一个名家辈出的时代，在以后的《人民教育》上，不断地出现于漪、魏书生、钱梦龙……

虽然从我上小学开始，校园里就弥漫着批判成名成家的硝烟，但年轻人总是免不了想入非非。所以，我当了几年老师，也走南逛北地观摩了一些名家的课堂，那个压在内心深处的特级教师梦想就常常冒了出来。

尽管校领导让我分管纷繁的学生工作，但我执意坚持继续教两个班的语文课。因为《人民教育》的指引，我的特级教师梦想又被搅了起来。白天除了上课之外，我基本上全和学生工作缠在一起，备课全靠晚上10点钟学生宿舍熄灯以后。

那是一段十分美好的时光。一天十几个小时的工作时间，眼里、心里全是学生，眼不斜视、心无旁骛地爱着学生，也做着特级教师梦。累，但轻松愉快；忙，却愉悦欢畅。

虽然因为过早地走上了管理岗位，我最终没有机会成为一名特级教师，但我不能不感谢那段努力的时光、那样一个追求的过程。它充实了我，刷新了我，也荡涤了我。这一切，我都不能不感谢《人民教育》。

从热情走向成熟

1990年9月，我还没过31岁生日，就过早地担负起高密四中校长兼书记的担子。尽管我有意不刮胡子，努力装出老成持重的样子，但说话办事却处处显出稚嫩。

因为一直在四中工作，也因为学校的大部分骨干教师都是我的朋友，一开始我的管理工作显得得心应手。

我们在领导班子中统一思想，以"三心"换"一心"："耐心"倾听老师们的呼声，"热心"为大家排忧解难，"诚心"为群众办好事、实事，最后换取大家的"信心"。

第一个项目是改造近30户职工住房，原来只有校长才有的小厨房，给每家每户全盖起来。大家一下子提起了精神：原来，我们也可以享受到校长的待遇。紧接着，我们又为家庭比较困难而且没工作的教师家属在学校里安排了工作；为12对两地分居的教师联系调动，使他们家庭团圆；穿针引线使8对青年教师喜结伉俪并为他们举行了隆重的集体婚礼；为教职工子女办起了幼儿园，设立了奖学金；冬天为老师们买上半吨烤火煤，并给家在农村的职工送到家门口，使他们享受到镇干部一样的待遇；在财政异常紧张的情况下，把班主任补贴增加了一倍……

校园里一下子热闹起来，春天似乎恋恋不舍地在人们中间穿行，一张张笑脸上充满着自豪和信心。

到11月的时候，我们又召开了已经好长时间没换届的教职工代表大会，成立了"参政议政委员会"，并且确定，学校的重大决策必须经过这个委员会的认可。我在大会报告中的一句话很自然地成了很多人的口头禅："学校是我们大家的学校。"校园里似乎洋溢着一片激动：我们不说谁说？大家不干谁干？把学校快快搞上去，快！快！快！

我每天都在老师们中间忙碌，每天都被老师们包围着，似乎又找到了刚刚做老师时的感觉。

半年过去了，校园里人们似乎变得理性起来。人们开始从热情洋溢中走出来，许多时候明显变得有些计较，大的事情攀比，小的事情也嘀咕。

我陷入了茫然之中，越来越怀疑自己的管理天赋，甚至管理的热情也开始消退。

这时候，《人民教育》又一次帮了我的大忙。江苏省教委副主任吴椿的《谈中小学内部管理体制改革》，北京四中、北京八中的"四制"（校长负责制、教师聘任制、结构工资制和岗位目标责任制）改革经验，在《人民教育》上相继发表。"靠机制创造公平""绝对的公平是没有的，但领导者的行为必须公平""管理就是组织才华和挖掘才华"，北京八中校长陶祖伟通过《人民教育》向我们传递的这些在当时听起来令人耳目一新的理念，叫我受益匪浅。我如饥似渴地学习着，小心审慎地实践着，与我的同事们一起，也搞起了一个学校内部体制改革的框架，并付诸实践，竟然取得了很好的效果。

高密四中的管理，开始走出人治的圈子，从热情走向成熟。

"跨世纪教育工程"

1995年，我看到《人民教育》上一篇报道上海建平中学的文章《跨世纪教育工程 —— 记上海市建平中学整体教育改革》，这震撼了我。当时，我已在高密一中担任校长。

"合格 + 特长 = 建平人"，在当时那样的气候下，敢于喊出这样一个口号实属不易；而《人民教育》勇于推出这样一个典型，就显得更加难能可贵了。

我不仅把这篇报道印发给全校老师，作为他们的培训教材，而且带着我的同事们来到上海浦东，找到冯恩洪校长。我想了解一些操作层面的东西。

以学生为中心思考问题，给学生以选择的机会，靠这些也完全可以把学校管理得规范有序，这是我从建平中学得到的最大收获，而且高密四中的管理经历使我更乐于接受这些。回到学校后，我们就有了"学生十大自我锻造工程"和"学生在我心中"三期工程，后来学校的课程开发，学生自修制度、班级辅导员制度的建立，都受到了《跨世纪教育工程 —— 记上海市建平中学整体教育改革》一文的影响。

那个时候，因为《人民教育》的原因，我们又迎来了一个名校辈出的时代：每隔几期，《人民教育》就会推出一所新的名校。我开始不断地跑收发室，有时甚至埋怨邮局的投递效率，因为我总是期盼着《人民教育》给我带来新的东西。

我没有记错的话，成都七中、深圳实验中学都是在那个时候通过《人民教育》被推向全国，也影响了全国的。

对学生的一生负责

没想到的是，终于有一天，我所在的学校也引起了《人民教育》的关注。

1998年秋天，《人民教育》编辑部总编辑傅国亮先生带着梁伟国以及《山东教育》编辑部的鞠庆友、毕唐书、李振村来到高密，他们希望挖掘一些包括高密一中在内的学校改革与管理经验。

采访的过程其实也是对我们进行教育的过程。通过考察、访问、座谈，他们最终把报道高密教育的主题定为"对学生的一生负责"。在我看来，这样一个命题与其说是对高密教育的总结，倒不如说是对我们的鼓励和鞭策，客观上，它也为我们进一步探索指明了方向。我记得关于高密教育的那篇《对学生的一生负责 —— 记李希贵和高密市的素质教育》的报道，结尾是这样说的："路漫漫其修远兮！前方还有更美好的风景在召唤。我们衷心祝愿高密教育的拓荒者们'上下求索'，到达风光无限的胜境！"

高密的教育当然没有停止探索，《人民教育》更是没有忘记对高密教育的关注。从此，一旦有一些对教育的新感悟与新思考，我就喜欢投寄到《人民教育》。于是，就有了《让语文素养融进血液》《发生在课堂里的理念碰撞》和《新课程背景下学校管理随想》等文章，尽管其中许多想法还有些稚拙，但却得到了各位编辑老师特别的呵护。

推动教育均衡发展

2002年，傅国亮总编辑又一次来到我的新工作单位——山东省潍坊市教育局。他对潍坊市推进教育的均衡发展很感兴趣。在他看来，教育公平是社会公平的起点，而均衡发展则是确保教育公平的前提。

2002年3月，《人民教育》以"为了每一个孩子的幸福成长——山东省寿光市教育均衡发展透视"为题报道了寿光市"让小草和鲜花都享有同样的阳光"，推行基础教育均衡发展的做法，引起了各界的广泛关注。时任教育部副部长的王湛为此专门做了批示，教育部以"促进基础教育均衡发展"为题举办了"第三届基础教育论坛"。从此，教育的均衡发展进入了全国各级教育行政部门的视野和决策，并成为教育工作的重点。

后来我才明白，《人民教育》以她的职业良心，始终关注着教育的健康发展。她对一个时期以来一些地方盲目攀比、大造教育形象工程的做法十分忧虑，特别是对一些地方漠视农村教育、忽视弱势群体子女教育的做法很有看法。她希望借此报道，引发人们的思考，让教育良性发展。事实上，这个报道之后，包括寿光在内，我们的许多县区都在不断强化教育的均衡发展，有的还在机制建设方面有了新的探索。这一切，我们都不能不感谢《人民教育》。

说实话，我越来越喜欢《人民教育》了，她源源不断地给我智慧，给我灵感，也给我鼓励。一个拼命赶路的人不需要鲜花，但需要鼓励。谢谢您，《人民教育》！

后　记

　　当把自己零星发表的随笔收录在一起的时候，我忽然发现了一些过去不曾留意过的东西。

　　首先，许多时候自己似乎喜欢从企业管理的角度去审视教育。这可能既与自己曾经在企业待过的经历有关，更因为自己长期以来的阅读爱好。松下幸之助的睿智、土光敏夫的果敢、玛丽凯的人本、路长全的精到，都深深地感动着我，也影响着我。很自然地，这些感动和影响也不自觉地带到了随笔中来。

　　细心的读者还会发现，文章常常拿境外的学校说事，而且大都冒着崇洋媚外的风险夸奖境外的同行。其实，境外学校考察多了，你会发现他们的教育同样存在这样那样的问题。只是，我们考察的目的往往是"洋为中用"，所以，考察归来，更多地留在大脑里的常常是值得"拿来"的东西，虽不能说"师夷长技以制夷"，但多说一点儿别人的长处，以激发我们奋起，总不是什么坏事情。

　　还有一个我一时还改不了的毛病，就是文章总是喜欢说些我在学校里经历的故事，似乎对当教师、当校长的经历难以忘怀，陈芝麻烂谷子地说了许多，我不知道这会不会引起朋友们的厌倦。原谅我，因为我始终认为，那是我人生中最充实又最有意义的一段时光，特别是在我离开学校以后，前后的对比越加强化了这种情感。所以，直到今天，我仍然向往学校生活，我甚至仍然希望做一名校长，尽管校长现今仍然是一个并不十分轻松的职业。

　　无论如何，把零散的文章结集出版总是一件令人愉快的事情，还是以此作为对自己多年管理生活的奖赏吧！

出版人 李　东

责任编辑 何　薇

封面设计 奇文云海

内文设计 许　扬

责任校对 贾静芳

责任印制 叶小峰

图书在版编目（CIP）数据

学生第二／李希贵著.—北京：教育科学出版社，
2021.3（2024.5 重印）

ISBN 978－7－5191－2566－0

Ⅰ.①学… Ⅱ.①李… Ⅲ.①教育工作—中国—文集
Ⅳ.① G52-53

中国版本图书馆CIP数据核字（2021）第 027493 号

学生第二

XUESHENG DI-ER

出版发行	教育科学出版社			
社　　址	北京·朝阳区安慧北里安园甲 9 号	邮　　编	100101	
总编室电话	010－64981290	编辑部电话	010－64981277	
出版部电话	010－64989487	市场部电话	010－64989009	
传　　真	010－64891796	网　　址	http://www.esph.com.cn	
经　　销	各地新华书店			
印　　刷	运河（唐山）印务有限公司			
开　　本	720 毫米 × 1020 毫米　1/16	版　　次	2021 年 3 月第 1 版	
印　　张	13.5	印　　次	2024 年 5 月第 5 次印刷	
字　　数	140千	定　　价	49.80 元	